La Inglaterra medieval

Un apasionante recorrido por la Edad Media inglesa

© Copyright 2025

Todos los derechos reservados. Ninguna parte de este libro puede ser reproducida de ninguna forma sin el permiso escrito del autor. Los revisores pueden citar breves pasajes en las reseñas.

Descargo de responsabilidad: Ninguna parte de esta publicación puede ser reproducida o transmitida de ninguna forma o por ningún medio, mecánico o electrónico, incluyendo fotocopias o grabaciones, o por ningún sistema de almacenamiento y recuperación de información, o transmitida por correo electrónico sin permiso escrito del editor.

Si bien se ha hecho todo lo posible por verificar la información proporcionada en esta publicación, ni el autor ni el editor asumen responsabilidad alguna por los errores, omisiones o interpretaciones contrarias al tema aquí tratado.

Este libro es solo para fines de entretenimiento. Las opiniones expresadas son únicamente las del autor y no deben tomarse como instrucciones u órdenes de expertos. El lector es responsable de sus propias acciones.

La adhesión a todas las leyes y regulaciones aplicables, incluyendo las leyes internacionales, federales, estatales y locales que rigen la concesión de licencias profesionales, las prácticas comerciales, la publicidad y todos los demás aspectos de la realización de negocios en los EE. UU., Canadá, Reino Unido o cualquier otra jurisdicción es responsabilidad exclusiva del comprador o del lector.

Ni el autor ni el editor asumen responsabilidad alguna en nombre del comprador o lector de estos materiales. Cualquier desaire percibido de cualquier individuo u organización es puramente involuntario.

Índice

INTRODUCCIÓN 1
CAPÍTULO 1: ALTA EDAD MEDIA (600-1066) 4
CAPÍTULO 2: ALTA EDAD MEDIA (1066-1272) 17
CAPÍTULO 3: BAJA EDAD MEDIA (1272-1485) 26
CAPÍTULO 4: LOS ANGLO... ¿QUÉ? 39
CAPÍTULO 5: ESTRUCTURA DE LA SOCIEDAD 48
CAPÍTULO 6: SITUACIÓN DE LA MUJER 55
CAPÍTULO 7: COMIDA, ROPA, TRABAJO Y OCIO 63
CAPÍTULO 8: ARTE Y ARQUITECTURA 72
CAPÍTULO 9: LA REALEZA A LO LARGO DE LA EDAD MEDIA ... 83
CAPÍTULO 10: LEY Y ORDEN 92
CAPÍTULO 11: FE E IDENTIDAD RELIGIOSA 101
CAPÍTULO 12: EL PAPEL DE LA IGLESIA: IGLESIA Y ESTADO ... 109
CAPÍTULO 13: BATALLAS CLAVE QUE CONFIGURARON LA HISTORIA MEDIEVAL 117
CAPÍTULO 14: EL MITO MEDIEVAL 126
CAPÍTULO 15: MEDICINA MEDIEVAL 135
CAPÍTULO 16: LA PESTE NEGRA 145
CONCLUSIÓN 154
VEA MÁS LIBROS ESCRITOS POR ENTHRALLING HISTORY ... 157
BIBLIOGRAFÍA 158
FUENTES DE IMAGENES 169

Introducción

Cuando escucha la frase Inglaterra medieval, ¿en qué piensa? ¿Caballeros con armadura avanzando a caballo hacia la batalla? ¿Reyes con coronas doradas sentados en sus castillos? ¿Quizá incluso se imagina pequeñas ciudades con tejados de paja, un camino embarrado y un cerdo deambulando por las calles?

La época conocida como periodo medieval, también llamada Edad Media, ha sido increíblemente romantizada en libros, películas y, en última instancia, en nuestra memoria desde que terminó hace unos seiscientos años. Algunos se lo imaginan como una época grandiosa, llena de nobles hazañas, emocionantes batallas y una vida sencilla. Otros se refieren a este periodo como la Edad Oscura, indicando una época de suciedad, pobreza e ignorancia general. La verdad, como ocurre a menudo, se encuentra en algún punto intermedio entre estos dos extremos. La Inglaterra medieval no era ni tan glamurosa ni tan horrenda como a menudo la pintamos; era mucho más variada que esas simples imágenes que solemos imaginar.

El periodo medieval en Inglaterra abarca aproximadamente entre seiscientos y ochocientos años. Es mucho tiempo para que ocurran cosas. Para ponerlo en perspectiva, seiscientos años atrás, desde nuestros días, sería a principios del siglo XV. Shakespeare aún no vivía. Colón aún no había surcado el océano azul. Los Estados Unidos de América no se convertirían en un país hasta más de trescientos años después. En seiscientos años, los humanos han pasado de caminar y montar a caballo como principales medios de transporte a los aviones y los coches. Hace seiscientos años, la mayoría de la gente aún creía que la tierra estaba en el centro del universo, y ahora, hemos enviado hombres a la luna.

La cuestión es que pueden pasar muchas cosas en seiscientos años. La Inglaterra medieval del año 600 tenía un aspecto bastante diferente de la Inglaterra medieval de 1485. Durante este tiempo, Inglaterra vio el ascenso y la caída de varias dinastías reales. Vio cómo los barones se rebelaban repetidamente contra la autoridad del rey, e incluso vio el primer levantamiento popular de Inglaterra. Hubo tanto guerras extranjeras como guerras civiles. Fue un periodo en el que se produjo la conversión al cristianismo y la Iglesia se convirtió en la institución más poderosa del mundo occidental. El sistema jurídico contaba tanto con los infames y crueles juicios por ordalía como con los orígenes del juicio por jurado. Fue una época de caballeros y monjes, así como de campesinos y señores. A lo largo de estos seiscientos años, Inglaterra y su pueblo pasaron por muchos cambios, ordalías y desarrollos. Hubo mucho más en estos seiscientos años que castillos y caballeros.

Este libro pretende atravesar esos estereotipos para ofrecer una visión realista de la Edad Media. Hablaremos de los caballeros acorazados avanzando en la batalla, pero examinaremos por qué el uso de caballeros acorazados en la estrategia militar decayó a lo largo del periodo. Conoceremos algunos de los crueles y espantosos castigos utilizados en el sistema judicial, pero también examinaremos por qué el sistema fue diseñado de esa manera. Hablaremos de la corrupción y el inmenso poder de la Iglesia medieval, pero también veremos el papel que desempeñaba la Iglesia en la vida local.

Este libro trata sobre la verdadera Inglaterra medieval. Parte de ella puede parecerse a lo que siempre ha pensado sobre la Edad Media, pero gran parte puede sorprenderle. Por ejemplo, ¿sabía que el famoso mártir cristiano Tomás Becket empezó como político, no como sacerdote? ¿Sabía que la infantería era estratégicamente mejor que la caballería? ¿Sabía que las mujeres de la Edad Media podían desempeñar los mismos trabajos que los hombres? ¿Sabía que el rey Arturo no era inglés, que los vikingos son, en cierto modo, responsables del inicio de Inglaterra y que la peste negra podría ser el resultado de uno de los primeros actos de guerra biológica?

Hay muchas cosas fascinantes que aprender sobre la época medieval, y este libro le guiará a través de ellas a la vez que le proporcionará una comprensión exhaustiva de todo el periodo. Tanto si ya conoce los aspectos básicos como si no tiene ni idea de los años que abarca la Inglaterra medieval, podrá seguir el hilo y aprender algo nuevo mientras este libro le guía por uno de los periodos más interesantes de la historia de Inglaterra.

Capítulo 1: Alta Edad Media (600-1066)

En el año 600, Inglaterra no existía, pero en 1066, el pueblo inglés llevaba casi un siglo unido bajo un solo rey.

La historia de la Alta Edad Media en Inglaterra es, por tanto, la historia de cómo surgió una nación. A lo largo de estos quinientos años, los dispares grupos que habitaban la zona se unieron en una nación con un único rey y una cultura diferenciada. En Inglaterra ocurrieron muchas cosas durante esta época. Desde el desarrollo de las ciudades hasta las incursiones vikingas, así es como empezó la nación que llamamos Inglaterra.

Escenario: Inglaterra antes del 600

Si queremos entender la Inglaterra de la época medieval, ayuda el saber un poco sobre lo que ocurría antes. En realidad, los ingleses no eran los habitantes originales de Gran Bretaña, así que ¿cómo llegaron allí y quién habitaba esa tierra primero?

Antes de la Edad Media, Inglaterra, o más bien Gran Bretaña, formaba parte del Imperio romano como provincia de Britania. El emperador Claudio hizo que sus generales conquistaran la isla en el año 43 de la era cristiana, aunque los romanos tardaron mucho más tiempo en someter realmente a todas las tribus del sur que vivían en la isla en aquel momento. Estas tribus originales eran los britanos celtas (tampoco eran los habitantes nativos de la isla; al igual que los romanos y los anglosajones, llegaron del continente). Roma nunca pudo conquistar y mantener plenamente la parte norte de la isla (Escocia), pero el sur (Inglaterra y Gales) estuvo bajo firme control romano, a pesar de las numerosas rebeliones, durante unos cuatrocientos años.

Durante este tiempo, los britanos celtas se romanizaron inevitablemente. Vivían en casas de estilo romano, vestían ropas de estilo romano e incluso hablaban un tipo de latín británico. Gran Bretaña estaba cubierta de calzadas romanas y asentamientos romanos. Hacia el siglo IV, las personas que vivían allí eran plenamente romano britones.

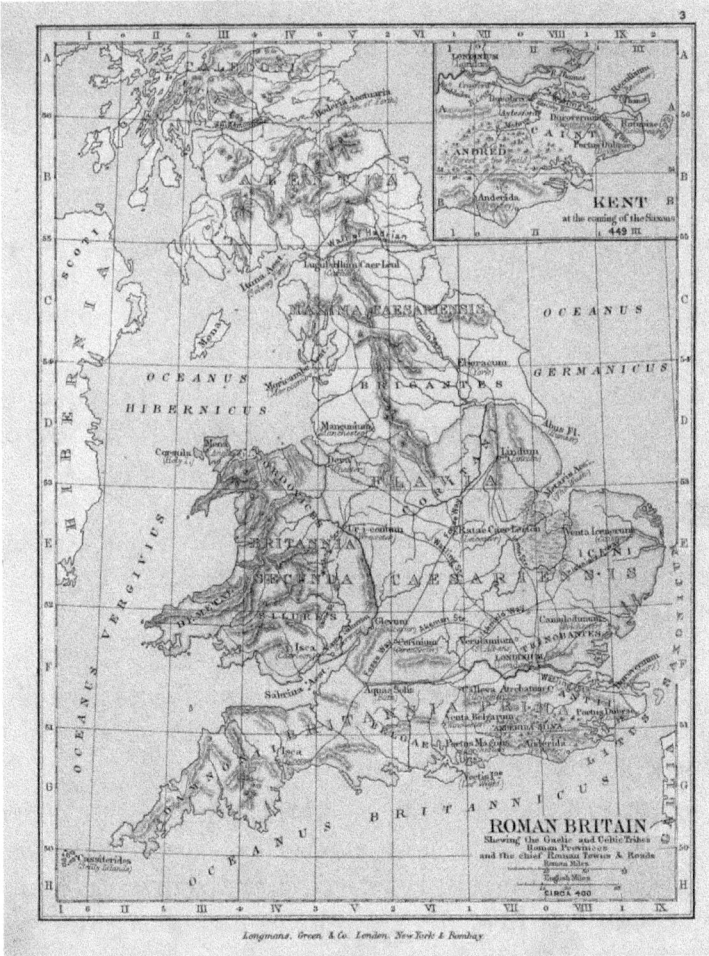

Un mapa de las cinco provincias de la Britania romana[1]

Quizá le sorprenda saber que Gran Bretaña fue una provincia romana durante tanto tiempo. Normalmente no pensamos en Gran Bretaña como algo romano. Hoy en día, quedan muy pocos vestigios de la Britania romana, y mientras otras provincias romanas anteriores hablan lenguas romances (como el francés y el español), que tienen sus raíces en el latín, los británicos hablan inglés, que es una lengua germánica. Si el pueblo británico estaba totalmente romanizado en el siglo IV, ¿qué ocurrió?

En resumen, Roma cayó. Fue saqueada por los visigodos en el año 410, pero para entonces las cosas ya llevaban un tiempo cuesta abajo. A menudo pensamos en el saqueo de Roma como el principio del fin del Imperio romano, pero para entonces, las cosas ya estaban prácticamente en su final para la provincia de Britania. El imperio ya se estaba derrumbando debido a una combinación de amenazas externas y luchas intestinas. Uno de los diversos emperadores que se disputaban el control durante el periodo sacó a las legiones romanas de Britania para luchar en otros lugares, y sencillamente nunca regresaron a la remota provincia insular. Britania se quedó sin presencia militar romana.

Aunque eso pueda sonar muy bien, lo que significaba era que los habitantes ya no contaban con la protección imperial. No había legiones romanas que los protegieran y, desgraciadamente, había muchos grupos que estaban encantados de aprovecharse de ello.

De repente, la vida se volvió muy dura para los romano-britones. Se encontraron con el ataque de varios grupos bárbaros: los pictos de Escocia, los escotos de Irlanda, los anglos y los sajones (ambas tribus germánicas), y los jutos, que eran una tribu nórdica. Con el tiempo, los anglos, sajones y jutos pasaron de asaltar Gran Bretaña a establecerse en ella y, por comodidad, solemos referirnos a ellos colectivamente como los anglosajones.

Cuando retomamos la historia de Inglaterra doscientos años más tarde, en el 600 e. c., al comienzo de la Edad Media, la tierra estaba dividida en varios reinos anglosajones que competían entre sí. La nación inglesa acabó formándose a partir de estas naciones.

Pero, ¿qué ocurrió con los britanos celtas? No solo ya no contaban con la protección militar romana, sino que, sin Roma, el sistema económico que había estado sosteniendo la provincia también se derrumbó, junto con las funciones y servicios relacionados con el gobierno imperial. Las ciudades romanas, con sus ahora inútiles edificios públicos y plazas de mercado, fueron abandonadas, y entonces llegaron los anglosajones.

Hablaremos más de esto en el capítulo 4, pero la tradición nos dice que los britanos celtas fueron expulsados de la zona que se convertiría en

Inglaterra por los conquistadores anglosajones. Algunos optaron por emigrar a Bretaña, una zona en lo que hoy es el noroeste de Francia, y no desaparecieron por completo de la isla de Bretaña. Gales es una nación celta, al igual que Cornualles.

Aunque los britanos mantuvieron la zona que se convirtió en Gales, una o dos generaciones después de la partida de los romanos, la Britania romana había sido totalmente sustituida por *Angleland*, la tierra de los anglos.

Inglaterra anglosajona

Así, a principios de la Edad Media, la zona que se convertiría en Inglaterra era efectivamente anglosajona, pero aún no era Inglaterra. A principios del siglo VII, esta zona estaba dividida en la heptarquía anglosajona, que constaba de siete reinos rivales: Northumbria, Mercia, Wessex, Anglia Oriental, Sussex, Essex y Kent.

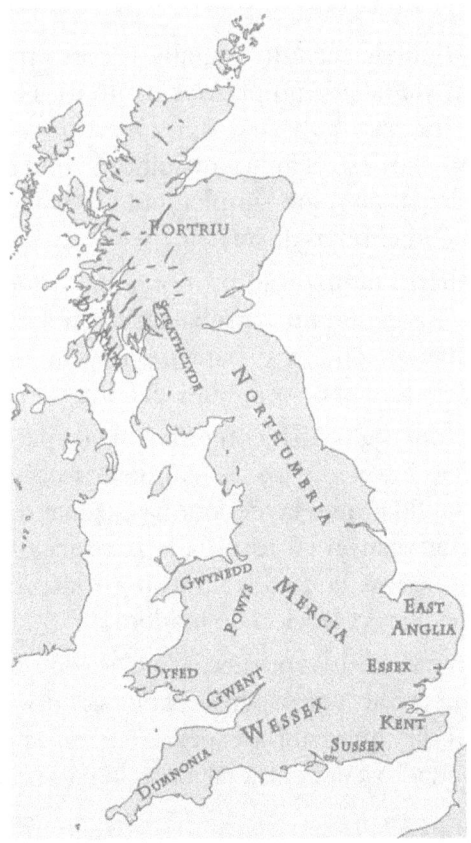

Los reinos de la Heptarquía anglosajona, junto con los reinos galés y picto'

Entraremos en más detalles sobre quiénes eran exactamente los anglosajones y cómo eran en el capítulo 4, pero por ahora, hablemos de cómo se desarrolló Inglaterra, o más bien la zona que se convertiría en Inglaterra, durante el periodo en que los anglosajones estuvieron al mando.

Como ya hemos comentado, cuando los romanos se marcharon, las ciudades que habían construido quedaron completamente abandonadas. Así, en los siglos V y VI, no había ciudades en Inglaterra. Los anglosajones de esta época vivían en una sociedad tribal y rural. Prácticamente, solo había una forma de enriquecerse en este mundo, y era arrebatar cosas a tus vecinos. La guerra era un negocio rentable, y las élites de esta sociedad ganaban poder y riqueza haciendo la guerra y conquistando a sus vecinos. Hubo muchos más de siete reinos anglosajones, pero los siete de la heptarquía fueron los que llegaron a dominar a medida que los diferentes grupos se disputaban el poder durante los siglos V, VI y VII.

Aunque la guerra puede ser muy rentable a corto plazo, tampoco es el plan económico más viable a largo plazo. Cuanto más territorio conquiste, más fondos necesitará para gobernar esa zona. Si sus fondos proceden únicamente de campañas, eso significa que ahora tiene que conquistar aún más territorio. A la larga, un reino simplemente se hace demasiado grande para funcionar solo con el botín de guerra.

Ahora bien, la guerra también le proporciona a uno un excedente de diversos bienes (las cosas que uno arrebata a los pueblos que conquista). Estos excedentes pueden utilizarse para desarrollar un plan económico mucho menos arriesgado y más sostenible: el comercio.

En la Inglaterra del siglo VII comenzaron a aparecer de nuevo las ciudades. El comercio floreció y los asentamientos permanentes volvieron a ser viables. A medida que la economía seguía desarrollándose, las comunidades se desarrollaron en torno a la producción de ciertos bienes clave. Hubo asentamientos que se centraron en la producción de sal, la extracción de hierro y la recolección de madera.

Así pues, durante los dos primeros siglos de la Edad Media, la sociedad anglosajona creció y prosperó. Siguió siendo una época llena de guerras y otras penurias que cabría esperar encontrar en los siglos VI y VII, pero no fue la edad oscura como algunos la han pintado.

La era vikinga

A finales del siglo VIII, los reinos anglosajones estaban floreciendo, pero seguían siendo en gran medida reinos rivales. Haría falta una importante amenaza exterior para unir a estos reinos, y esa amenaza eran los vikingos. Las primeras incursiones vikingas en Inglaterra comenzaron en la década de 790. Estas incursiones, aunque relativamente pequeñas en escala, fueron devastadoras para los asentamientos costeros. Los vikingos eran incursores nórdicos que procedían de varias zonas diferentes, como Dinamarca, Suecia y Noruega. Aunque tenían muchas diferencias, todos los vikingos compartían al menos una habilidad crucial. Eran excelentes constructores navales.

Los vikingos fabricaban muchos tipos diferentes de barcos, pero los que se utilizaban normalmente en las incursiones se llamaban barcos largos. Como su nombre indica, estos barcos eran largos y estrechos y, lo que es más importante, tenían poco calado. Esto significaba que podían viajar fácilmente en aguas poco profundas. En estos barcos, los vikingos podían desembarcar en las playas de los asentamientos cercanos al agua y luego empujar rápidamente sus embarcaciones mar adentro de nuevo. También podían navegar por los ríos, ampliando el alcance de sus incursiones.

Estas rápidas y mortíferas incursiones ya eran bastante malas para los anglosajones, pero las cosas empeoraron mucho en el siglo IX. Los vikingos comenzaron a realizar ataques más sustanciales contra los reinos anglosajones. No se limitaron a quemar y saquear, sino que empezaron a conquistar territorios. Algunos incluso optaron por asentarse en la isla. En 865, la amenaza vikinga se convirtió en una invasión total con la llegada del *mycel hæþen here*, o Gran ejército pagano.

El Gran ejército era una fuerza nórdica o vikinga que se lanzó rápidamente a la conquista de los reinos anglosajones. En realidad, el ejército era un grupo más dispar de lo que sugiere su nombre. No era una gran fuerza unificada, sino que estaba formada por muchos grupos distintos. Recuerde que, aunque los vikingos eran todos nórdicos, procedían de muchas zonas diferentes. El Gran ejército pagano reflejaba esto.

Por supuesto, esta variación entre sus miembros no hizo que el Gran ejército pagano fuera menos devastador para los anglosajones. El Gran ejército conquistó Northumbria e instaló un rey títere. Poco después le siguió Anglia Oriental. Mercia resistió más tiempo, pero también cayó en manos de los nórdicos. Wessex fue la última en someterse, pero finalmente, el rey de Wessex, el rey Alfredo, fue expulsado de su reino por los vikingos en 878.

En ese momento, ciertamente parecía que Angleland se había convertido en la tierra de los nórdicos, pero si eso hubiera seguido así, Inglaterra probablemente tendría un aspecto muy diferente hoy en día. ¿Qué ocurrió?

El rey Alfredo de Wessex había sido expulsado de su reino, pero no estaba muerto. Ese mismo año, 878, el rey Alfredo libró una batalla contra los nórdicos y obtuvo una victoria decisiva. Desde el borde de la derrota, Alfredo consiguió expulsar a los nórdicos y recuperar Wessex. Esta increíble victoria y su posterior reinado le valieron a Alfredo un nombre que pocos monarcas consiguieron: Alfredo el Grande.

El auge de la dinastía Wessex

La victoria de Alfredo en 878 fue crucial, pero no fue el final de las cosas. En 878, Alfredo hizo un trato con el nórdico Guthrum que exigía que este se convirtiera al cristianismo y abandonara Wessex. Guthrum estableció entonces un reino en Anglia Oriental, de modo que mientras Wessex se recuperaba, los nórdicos seguían dominando una gran parte de Inglaterra. Las fronteras negociadas por Alfredo y Guthrum se hicieron oficiales hacia 886. La zona controlada por los nórdicos llegaría a denominarse más tarde el Danelaw, e incluía los reinos anglosajones de Northumbria, Anglia Oriental, Essex y partes de la Mercia original.

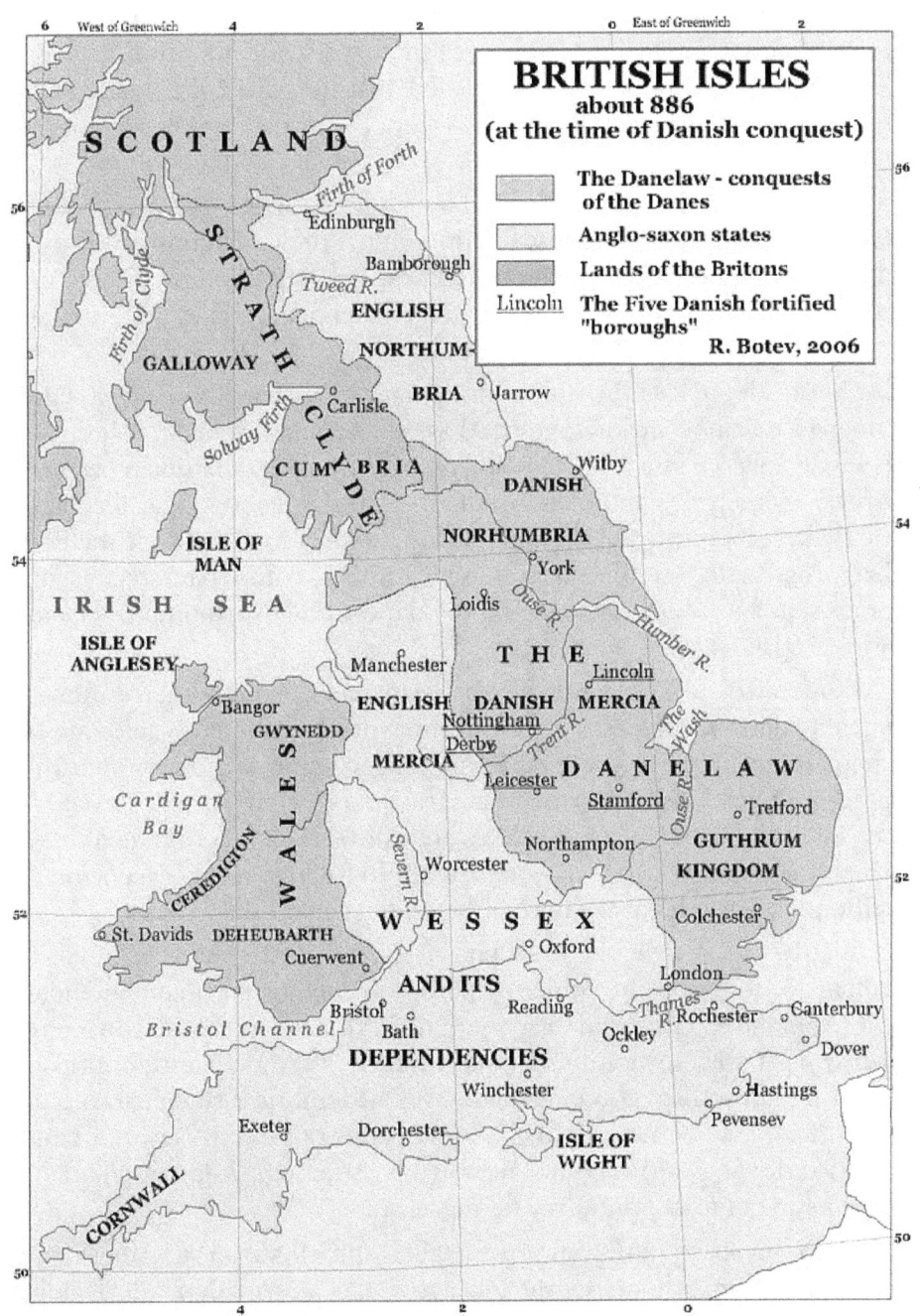

Los reinos de Inglaterra en 886³

Cuando Alfredo murió en 899, sus hijos continuaron la lucha contra los daneses. El hijo de Alfredo, Eduardo el Viejo, se convirtió en el rey de los anglosajones, título que había creado su padre. Esto significa que la casa de Wessex continuó al mando. La hija de Alfredo, Ethelfleda, se había casado con el rey de los mercios y era conocida como la «Señora de los mercios».

Con la muerte de Alfredo, los daneses intentaron de nuevo conquistar Mercia y Wessex, pero tanto Eduardo como Ethelfleda construyeron un anillo de fortalezas para proteger sus reinos. En 910, Eduardo obtuvo una victoria decisiva contra los daneses en Tettenhall, poniendo fin a sus planes de reconquistar Wessex.

A partir de 912, Eduardo pudo pasar a la ofensiva. Paso a paso, recuperó los reinos anglosajones de Essex y Anglia Oriental. Su hermana Ethelfleda volvió a imitar los movimientos de Eduardo y también pasó a la ofensiva. Comenzó a retomar los cinco distritos daneses, que formaban parte de la zona que originalmente había pertenecido a Mercia. Ethelfleda había progresado lo suficiente en su campaña como para recibir una promesa de sumisión por parte de los daneses de Northumbria cuando murió en 918.

Al enterarse de la muerte de su hermana, Eduardo interrumpió su campaña contra los daneses para ir a Tamworth, donde consiguió que los mercios lo aceptaran como rey, formando un reino anglosajón aún más grande. Eduardo consiguió entonces recuperar el resto de Mercia de manos de los daneses. Cuando Eduardo murió en 924, la casa de Wessex tenía ahora el control de la mayor parte de Inglaterra, con la excepción de Northumbria, donde un rey nórdico se sentaba en York.

Eduardo fue sucedido por su hijo, Athelstan. Athelstan fue capaz de terminar lo que su padre empezó, pero con medios sorprendentemente menos violentos. Athelstan hizo que su hermana se casara con el rey nórdico de York, un hombre llamado Sihtric. Cuando Sihtric murió en 927, Athelstan se hizo con el control de Northumbria y se convirtió en el primer rey que gobernó a todo el pueblo inglés. El año 927 es, por tanto, el inicio de Inglaterra como nación, y Athelstan está ampliamente considerado como el primer rey de Inglaterra.

Dando un paso atrás en los detalles que llevaron a Athelstan a convertirse en el primer rey de Inglaterra, hay dos maneras de leer los acontecimientos que llevaron al dominio de Wessex en los reinos anglosajones. Se podría argumentar que la dinastía de Wessex, empezando por Alfredo el Grande, fue la salvadora de los anglosajones. Hicieron retroceder a los invasores daneses y unieron a los anglos en un reino más poderoso que estaría mejor equipado para defenderse.

Sin embargo, también se podría argumentar que el ascenso de la dinastía de Wessex y la unificación de los anglosajones bajo su mando fue el simple producto del oportunismo. Alfredo el Grande y sus descendientes aprovecharon el hecho de que los daneses debilitaban a sus rivales anglosajones. Mientras trabajaban para expulsar a los daneses, Wessex pudo consolidar fácilmente las naciones anglosajonas conquistadas bajo su control. En cierto modo, los reyes de Wessex eran simplemente otros conquistadores.

Es probable que haya algo de verdad en ambas interpretaciones. No cabe duda de que sin Alfredo el Grande, lo más probable es que los daneses hubieran conquistado a los anglosajones e Inglaterra nunca hubiera llegado a existir. Sin embargo, es igualmente cierto que Wessex no fue el único reino anglosajón y que el dominio definitivo de sus gobernantes se debió en gran medida a su capacidad para aprovechar la oportunidad creada por la toma del poder por los nórdicos. Así que, en última instancia, los vikingos son en cierto modo responsables de la unificación de Inglaterra.

Inglaterra bajo la dinastía Wessex

Hablaremos más sobre esta época en nuestra discusión sobre los anglosajones, pero en aras de la cronología, hay algunas cosas que debe saber sobre Inglaterra bajo la dinastía de Wessex. Inglaterra estaba ahora bajo el gobierno de un solo rey, pero no estaba unida en la forma en que hoy pensamos en las naciones.

Cuando Athelstan se convirtió en el rey de los ingleses en 927, gobernaba sobre varias zonas bastante dispares. Cosas vitales para el gobierno, como la moneda, los sistemas de medición de la propiedad de la tierra y las leyes, diferían enormemente en toda Inglaterra. Dependiendo de dónde se encontrara, podía estar bajo un sistema de leyes al estilo mercio, sajón occidental o danés.

Esto podría parecer una auténtica pesadilla logística hoy en día, pero en el siglo X, lo que menos les preocupaba a los reyes ingleses era que todo en su administración fuera uniforme. En su mayor parte, las zonas locales siguieron utilizando sus propios sistemas, especialmente las que utilizaban la ley danesa, aunque se instituyeron algunos cambios. El reino empezó a utilizar el mismo tipo de moneda y se amplió el sistema de Wessex de dividir el reino en condados y estos en unidades aún más pequeñas llamadas «centenas». Finalmente, se establecieron normas nacionales sobre la frecuencia con la que debían reunirse los tribunales que presidían estas localidades.

Aunque estos cambios puedan parecer insignificantes, fueron el principio de la creación de una nación inglesa unificada, tanto en la práctica como en el nombre. Vivir bajo el mismo rey era una cosa, pero utilizar las mismas monedas y los mismos sistemas creó muchos más puntos en común entre los anglosajones de Wessex, Mercia y otros lugares de Inglaterra.

Este proceso de unificación práctica continuaría en el siglo XI, solo que no bajo los reyes anglosajones. En 1013 regresaron los daneses.

El retorno de los daneses

Para entender cómo los daneses consiguieron invadir Inglaterra de nuevo, primero tenemos que hablar del rey anglosajón de la época: El rey Etelredo. Cuando el padre de Etelredo, el rey Edgar, murió en 975, hubo una disputa sobre si el trono debía pasar a Etelredo o a su hermanastro mayor, Eduardo. Ambos hermanos tenían partidarios, y aunque Eduardo se hizo inicialmente con el trono, lo mantuvo durante menos de tres años. Eduardo fue asesinado, y Etelredo subió al trono en 978, a la edad de doce años.

Asumir el trono tras el asesinato del rey anterior y hacerlo siendo un niño marcó el estado de ánimo de la mayor parte del reinado de Etelredo. En resumen, no fue un buen rey. De hecho, la historia lo ha apodado Etelredo el Indeciso, y fue durante el reinado de Etelredo el Indeciso cuando los vikingos comenzaron de nuevo a asaltar Inglaterra.

Etelredo fue incapaz de hacer frente al problema vikingo. Solo consiguió empeorarlo masacrando a los daneses el día de San Brice en 1002. Etelredo fue incapaz de rechazar a los daneses, por lo que les pagaba continuamente tributos más altos para comprar la paz. Sin embargo, las incursiones solo siguieron empeorando. En 1013, el pueblo inglés se hartó. Aceptaron a Svend, rey de Dinamarca, como su rey. Etelredo se vio obligado a huir del país, buscando asilo con su familia.

Sin embargo, el rey Svend no gobernó Inglaterra mucho tiempo. Murió en 1014, y los ingleses invitaron a Etelredo a regresar con la condición de que fuera un mejor rey, a lo que este accedió felizmente, convirtiéndose de nuevo en rey de los ingleses en 1014.

El hijo de Svend, Canuto, sin embargo, no estaba contento con este acuerdo. En 1016, Canuto dirigió otra invasión danesa de Inglaterra. Etelredo murió durante el conflicto, y su hijo Edmundo II de Inglaterra fue finalmente derrotado por Canuto. Sin embargo, Canuto permitió que Edmundo mantuviera el control sobre Wessex, lo que resultó ser un acuerdo sin consecuencias porque Edmundo murió a los pocos meses, dejando a Canuto gobernante de toda Inglaterra. Durante los siguientes veinticinco años, Inglaterra tuvo un rey danés.

Durante diecinueve de esos años, Canuto gobernó Inglaterra, haciéndolo desde 1016 hasta 1035. No se puede discutir que Canuto fue un rey eficaz. Durante su reinado, consiguió conquistar Noruega, por lo que fue rey de Inglaterra, Dinamarca y Noruega. Canuto ganó gran popularidad entre el pueblo inglés gracias a su conversión al cristianismo y a su dedicación al mantenimiento de la ley. Bajo Canuto, Inglaterra vivió casi dos décadas de seguridad y relativa paz.

A pesar de sus éxitos, la muerte de Canuto volvió a dejar a Inglaterra con un problema de sucesión. Canuto tenía dos esposas, una de las cuales era la viuda de Etelredo, Emma, y tenía hijos tanto de ella como de su otra esposa. Sus dos hijos sintieron naturalmente que tenían derecho al trono. Haroldo, el hijo de Canuto con su primera esposa, se apoderó primero del trono de Inglaterra, manteniéndolo durante cinco años antes de morir repentinamente en 1040. La temprana muerte de Haroldo dio a su hermano, Harthacnut, hijo de Canuto y Emma, la oportunidad de hacerse con el trono inglés. Harthacnut gobernó solo dos años antes de morir repentinamente. Ninguno de los hijos de Canuto era bien visto por el pueblo inglés.

Sorprendentemente, fue uno de los hijos de Etelredo el siguiente en ocupar el trono tras la muerte de los dos hijos de Canuto. Eduardo el Confesor fue el último de la dinastía de Wessex en gobernar Inglaterra. Reinó desde 1042 hasta 1066. Aunque Eduardo tuvo un reinado bastante exitoso, él y su esposa, la reina Edith, no consiguieron tener hijos. Cuando murió sin hijos en 1066, Inglaterra volvió a sumirse en la confusión sobre la sucesión. Esta vez, una amenaza exterior decidió aprovecharse de esa confusión. Pronto sería el fin de la Inglaterra anglosajona.

Inglaterra desde el año 600 hasta 1066 fue una nación emergente. Aunque hubo muchos progresos en términos de crecimiento económico y unidad política, también hubo un estado de guerra casi constante debido tanto a los invasores extranjeros como a las luchas internas por cuestiones de sucesión. La monarquía había demostrado ser tanto una poderosa fuerza de consolidación como la fuente de muchos problemas. Empezando por Athelstan en 927, los reyes y reinas de Inglaterra seguirían teniendo un enorme impacto en el país durante los ochocientos años siguientes, a lo largo de la Edad Media y posteriormente.

Capítulo 2: Alta Edad Media (1066-1272)

El libro de David Carpenter sobre este periodo de la historia inglesa lleva el título *La lucha por el dominio*, y sin duda es una descripción acertada. Comenzando con la conquista normanda en 1066, pasando por la guerra civil de dieciocho años conocida como la Anarquía, y terminando en el siglo XIII con los conflictos entre los barones y los reyes, la Alta Edad Media en Inglaterra estuvo dominada por las luchas por el poder. Mientras que la Alta Edad Media vio el establecimiento del rey y su gobierno, la Alta Edad Media pondría a prueba ese gobierno y el alcance del poder del rey.

La conquista normanda

En 1066, Eduardo el Confesor murió sin descendencia y, como suele ocurrir con las monarquías, la falta de un heredero directo provocó problemas. Inmediatamente después de la muerte de Eduardo, Harold Godwinson, un conde, fue nombrado rey. El rápido nombramiento de Harold sugiere que los hombres poderosos de Inglaterra estaban al menos parcialmente de acuerdo sobre el nombramiento de Harold, y su rápida actuación pudo ser también un intento de adelantarse a los pretendientes rivales al trono. Sin embargo, el nombramiento de Harold no detuvo a sus rivales. Si Harold quería conservar el trono, tendría que luchar por él.

El primer problema no fue Guillermo de Normandía (más tarde conocido como Guillermo el Conquistador), sino alguien mucho más cercano. El hermano de Harold, Tostig, unió fuerzas con el rey de Noruega, Harald Hardrada, y atacaron York. El rey Harold cabalgó hacia el norte con su ejército y se enfrentó a las fuerzas de Tostig y Harald en Stamford Bridge el 25 de septiembre de 1066.

La batalla de Stamford Bridge fue una victoria decisiva y total para el rey Harold. Tanto Tostig como Harald murieron en la batalla, y los restos de sus fuerzas huyeron en barcos. Harold había defendido exitosamente su derecho a ser el rey de Inglaterra, pero, por desgracia, aún le quedaba otro rival. Tres días después de la victoria de Harold en Stamford Bridge, Guillermo, duque de Normandía, desembarcó en el sur de Inglaterra con una fuerza invasora.

¿Por qué sentía el duque de Normandía que tenía derecho al trono inglés en primer lugar? La falta de hijos del rey Eduardo no fue solo un tema de discusión en su lecho de muerte. Guillermo de Normandía afirmaba que Eduardo lo había nombrado heredero. Es posible que Eduardo hubiera hecho tal promesa a Guillermo en algún momento alrededor de 1051, en un esfuerzo por mantener relaciones pacíficas con Normandía, pero no habría sido una promesa seria, ya que el rey Eduardo aún gozaba de buena salud e incluso podría haber tenido hijos en ese momento.

Las narraciones normandas afirmarían más tarde que en 1064/1065, mientras actuaba como embajador de Eduardo en Normandía, Harold Godwinson había confirmado el nombramiento de Guillermo como heredero e incluso prestó juramento a Guillermo. Parece muy poco probable que esta historia sea totalmente cierta teniendo en cuenta su fuente, pero en 1066, Harold fue condenado por romper su juramento. Como nunca tuvo la oportunidad de defenderse, nunca sabremos qué ocurrió exactamente. Lo que sí sabemos es que Guillermo utilizó esta historia para justificar su invasión.

El ejército del rey Harold se enfrentó al de Guillermo en la batalla de Hastings el 14 de octubre. Algunos consideran imprudente la decisión de Harold de enfrentarse a Guillermo tan poco después de la batalla de Stamford Bridge, pero siempre es difícil juzgar con la mirada retrospectiva. La batalla de Hastings no fue bien para el rey Harold, por lo que es fácil decir que su decisión de enfrentarse a Guillermo en aquel momento fue imprudente.

Entraremos más en los detalles de la batalla en nuestro capítulo posterior sobre batallas, pero huelga decir que los normandos ganaron la batalla de Hastings. Las fuerzas inglesas fueron aniquiladas casi en su totalidad, incluido el rey Harold y sus hermanos. Guillermo era el único rival al trono que quedaba en pie, y no tardó en reclamar su lugar. Guillermo fue coronado rey de Inglaterra en Londres el 25 de diciembre de 1066.

Al igual que el dominio anglosajón y luego el danés habían traído cambios a Inglaterra, el dominio de los normandos tendría un gran impacto en la nación inglesa. El primer cambio se produjo en la élite gobernante. Tras sofocar varias rebeliones en los primeros cinco años de su reinado (1066-1070), Guillermo I se hartó de la aristocracia inglesa que quedaba. Fueron apartados del poder y sustituidos por los normandos designados por Guillermo.

Sin embargo, Guillermo no se limitó a cambiar las caras en el poder. También introdujo algunos cambios en el sistema. Aunque a menudo pensamos en el sistema feudal como un elemento básico de todo el periodo medieval, fue solo bajo el dominio normando cuando Inglaterra adoptó un verdadero sistema feudal, aunque el sistema que existía antes de la conquista era de tipo feudal. Hablaremos de este sistema con más detalle en el capítulo 5.

La anarquía

Al igual que la dinastía anglosajona y la danesa, el dominio normando de Inglaterra tampoco estaba destinado a durar, y también terminó debido a problemas con la sucesión.

Después de Guillermo I, su hijo, Guillermo II, gobernó Inglaterra. Cuando Guillermo II murió sin descendencia, su hermano Enrique I subió al trono. Las cosas parecían decididas, ya que Enrique I tenía un hijo, el *Barco Blanco* se hundió en el canal de la Mancha. Su muerte condujo a un periodo de la historia inglesa que se conocería como la Anarquía.

Tras la muerte de Guillermo, el rey Enrique I nombró heredera al trono a Matilde, su hija. Sin embargo, cuando Enrique murió, los barones no apoyaron la reclamación de Matilde. Estaba casada con Geoffrey Plantagenet, conde de Anjou, a quien los barones anglonormandos no apreciaban. El sobrino de Enrique, Esteban de Blois, se hizo con el trono.

Como Matilde estaba en Normandía en el momento de la muerte de Enrique I, Esteban llegó primero a Inglaterra y pudo hacerse con el trono con relativamente poca dificultad. Sin embargo, su reinado no siguió la pauta de este prometedor comienzo.

La mayor parte del reinado de Esteban, de hecho, todo excepto un año, tuvo lugar durante la Anarquía, una guerra civil inglesa que duró de 1135 a 1153. Esta guerra de dieciocho años fue esencialmente una lucha entre Esteban y la emperatriz Matilde (emperatriz porque su primer marido fue el emperador del Sacro Imperio Romano Germánico Enrique V) por el trono inglés.

No disponemos aquí de espacio para sumergirnos en un relato detallado de la Anarquía. Como su nombre indica, fue una época compleja y caótica de la historia inglesa. Los problemas de Esteban se extendían más allá de la pretensión de la emperatriz Matilde al trono. En el oeste, los galeses consiguieron asaltar y finalmente hacerse con el control de algunas zonas, y en el norte, el rey David de Escocia invadió y conquistó importantes áreas de tierras inglesas.

Durante este periodo, tanto Esteban como la emperatriz Matilde concedieron tierras y favores para intentar ganar apoyos. Varias personas cambiaron de bando a lo largo de la guerra, y muchos aprovecharon el caos para intentar obtener más poder. Los condes hicieron la guerra a otros condados, y los castellanos y las guarniciones estacionadas en los diversos castillos de toda Inglaterra aterrorizaron a las poblaciones locales. La moneda nacional, que había sido establecida por los reyes anglosajones, se fracturó, y Esteban, la emperatriz Matilde e incluso algunos barones emitieron monedas en su propio nombre.

Esto no significaba que toda Inglaterra estuviera ardiendo constantemente, como podría sugerir el nombre de «Anarquía», pero la guerra constante significaba que a veces, en ciertos lugares, la anarquía se hacía muy real. Esto era especialmente cierto en las zonas fronterizas entre la zona controlada por Esteban y la controlada por la emperatriz Matilde. Incluso cuando Inglaterra se rompió en múltiples pedazos, la ley y el orden seguían reinando dentro de estos pedazos más pequeños, controlados por gente como el rey David, el rey Esteban y el conde Roberto (hermano de la emperatriz Matilde y partidario en el conflicto).

Entonces, ¿qué puso fin al caos? La guerra había demostrado ser un firme punto muerto. Mientras Matilde había regresado a Normandía en 1148, su hijo Enrique continuó la lucha en Inglaterra en 1153. Los hombres poderosos de Inglaterra eran reacios a entrar en una última batalla decisiva, ya que no querían ceder de nuevo su poder local a un rey poderoso. La Iglesia también se negó a tomar partido, negándose a reconocer al hijo de Esteban, Eustaquio, como heredero. Todos parecían estar esperando que algo rompiera el estancamiento para poder ponerse del lado del vencedor.

Lo que rompió el estancamiento fue, irónicamente, lo mismo que había causado la guerra civil en primer lugar: la muerte del heredero varón al trono. En 1153, Eustaquio murió y Esteban se quedó sin heredero. Su otro hijo, Guillermo, no mostró ningún deseo de ascender al trono, así que, en 1153, Esteban hizo heredero a Enrique, el hijo de la emperatriz Matilde, poniendo fin de forma efectiva a la Anarquía.

Resultó que Enrique no tuvo que esperar mucho para conseguir su trono. Esteban murió poco menos de un año después, en 1154, y Enrique se convirtió en Enrique II.

El angevino

Enrique II marcó el comienzo de una nueva dinastía gobernante en Inglaterra, que duraría el resto del periodo medieval: los Plantagenet.

Enrique II era hijo de la emperatriz Matilde y de Geoffrey Plantagenet, lo que lo convierte en el primer rey inglés de la línea Plantagenet. Sin embargo, los historiadores suelen referirse a Enrique II y a los dos reyes que le siguieron (Ricardo Corazón de León y el rey Juan) como los angevinos.

Los angevinos eran reyes ingleses con un imperio. De hecho, en conjunto, pasaron más tiempo en el continente que en Inglaterra. El Imperio angevino se extendía desde el norte de Inglaterra hasta los Pirineos, incluyendo parte de Irlanda y amplias zonas de Francia (Anjou, Normandía, Aquitania, Maine y Bretaña).

El Imperio angevino

Este gran imperio no fue el resultado de una conquista, sino de la posición de Enrique II cuando se convirtió en rey de Inglaterra. Heredó de su padre el título de conde de Anjou y Maine y fue nombrado duque de Normandía por el rey de Francia en 1150. Quizá su maniobra más exitosa fue casarse con Leonor de Aquitania en 1152. Este matrimonio lo convirtió en duque de Aquitania. Así, cuando Enrique II se convirtió en rey de Inglaterra en 1154, ya poseía vastas extensiones de tierra en el oeste de Francia.

Por desgracia, además de muchas tierras, Enrique II también tenía muchos hijos —cinco para ser exactos. Pronto tuvo problemas al intentar encontrar lugares para que gobernaran todos ellos. Sus hijos se rebelaron contra él varias veces. Finalmente, su hijo Ricardo se alió con el rey Felipe II de Francia y obligó a su padre a llegar a un acuerdo. El rey Enrique II murió poco después.

A pesar de sus problemas familiares, Enrique II tuvo un enorme impacto perdurable en Inglaterra, y su reinado fue realmente decisivo en la historia inglesa, en gran parte por los cambios que introdujo en el sistema judicial.

En resumen, Enrique II quería un mayor control sobre los asuntos locales y, tras la Anarquía, hubo un mayor impulso para desarrollar un sistema que pudiera mantener la paz de forma más eficaz. Los cambios de Enrique II fueron complejos, pero crearon un sistema con procedimientos diferenciados. Las decisiones eran ahora tomadas por jurados y oídas por los jueces del rey en lugar de los tribunales locales.

El nuevo sistema era voluntario, por lo que la cantidad de personas que acudieron a él indica que tenía atractivo. Este fue el comienzo de un sistema que duraría hasta la década de 1970 en Inglaterra. Hablaremos de la ley y el orden en el periodo medieval con más detalle en un capítulo posterior, pero este fue uno de los impactos de largo alcance que Enrique II tuvo en Inglaterra. Su imperio no tendría tanta suerte.

El hijo menor de Enrique, Juan, se convirtió en rey en 1199 tras la muerte de su hermano, Ricardo Corazón de León. Aunque Ricardo solo pasó unos seis meses de su reinado en Inglaterra, sus habilidades militares y diplomáticas habían mantenido unido el Imperio angevino durante sus diez años de reinado. El rey Juan era menos hábil en estas artes.

El rey Felipe II de Francia aprovechó la oportunidad y comenzó a tratar de expulsar al rey Juan de Francia. Tanto por mala suerte como por malas decisiones, Juan fue perdiendo poco a poco las posesiones continentales del Imperio angevino. En 1204, ya solo era rey de Inglaterra, pero los problemas del rey Juan no acabaron con sus fracasos continentales. El resto de su reinado consolidaría su lugar como uno de los peores reyes de Inglaterra.

La Carta Magna y las guerras de los barones

Librar guerras requiere dinero, por lo que para continuar sus expediciones militares en Francia y recuperar Normandía, el rey Juan necesitaba fondos. Así pues, pasó mucho tiempo después de 1204 buscando formas de enriquecerse, una tarea que solo se vio incrementada por la inflación de este periodo.

Exprimir cada moneda que se pueda obtener de los súbditos no hace a un rey popular, y Juan no se detuvo ahí. El nuevo y popular sistema judicial desarrollado por su padre, Enrique II, podría haber sido una forma de que Juan ganara algo de popularidad, pero no supo utilizarlo. La justicia se convirtió en una farsa bajo el reinado de Juan, antagonizando aún más a sus súbditos.

Los barones se volvieron cada vez más hostiles al rey Juan y, en 1212, el rey descubrió un complot para asesinarlo. Aunque aquella vez consiguió controlar la situación, tres años más tarde, las tensiones volvieron a estallar. Esta vez, en lugar de intentar matarlo, los barones intentaron que Juan accediera a una lista de demandas. Estas demandas constituyeron la Carta Magna (la Gran Carta), y fue uno de los momentos más significativos de la historia inglesa.

La Carta Magna era un documento de sesenta y dos capítulos que ponía un límite al poder del rey. En concreto, pretendía cosas como restringir la capacidad del rey para recaudar fondos e impedirle que tratara a los individuos como le viniera en gana. La Carta Magna fue la primera vez que se impusieron restricciones a un rey inglés. Fue un momento histórico en el sentido de que sometió al rey a la ley. Antes de esto, el rey siempre había estado por encima de la ley, ya que era él quien hacía las leyes. Ahora, había algo superior al rey.

La Carta Magna fue un documento elaborado por los barones, por lo que sus preocupaciones eran principalmente propias de estos. Hizo poco por proteger al pueblo llano, pero la idea general y algunas partes de la Carta Magna se convertirían en precedentes de posteriores sellos democráticos como la Declaración de Derechos estadounidense. Algunos capítulos de la Carta Magna, como «A nadie venderemos, a nadie negaremos o retrasaremos el derecho o la justicia», siguen vigentes hoy en día.

Por supuesto, el rey Juan no quiso acceder a estas exigencias, pero los barones se levantaron en armas y se vio obligado a sellar la carta en Runnymede, un prado cercano al Támesis.

Desgraciadamente, la paz que la Carta Magna parecía asegurar no duró mucho. El rey Juan pidió al papa que condenara la Carta Magna, cosa que hizo, lo que significaba que el rey Juan no tenía que acatarla. En cambio, los barones entraron en guerra, rebelándose contra el rey Juan y ofreciendo el trono a Luis, el hijo del rey de Francia. Así comenzó la primera guerra de los Barones en 1215.

Luis podría haber logrado convertirse en rey de Inglaterra, de no ser por la muerte del rey Juan. Con el rey Juan muerto, la mayoría de los barones cambiaron su apoyo de Luis al hijo de Juan, Enrique, que tenía entonces nueve años. Sin el apoyo de los barones rebeldes, Luis fue derrotado en 1217.

Aunque Enrique III gobernó durante mucho más tiempo, acabó enfrentándose a problemas similares a los de su padre. Las costosas campañas exteriores de Enrique III fueron impopulares por la misma razón que lo habían sido las del rey Juan, y los funcionarios locales que nombró fueron detestados. Sus hermanastros, de la familia Lusignan, también eran impopulares y contribuyeron a alimentar la creciente aversión de los ingleses hacia los extranjeros. De nuevo, hubo problemas con los barones y, en 1258, Enrique III aceptó reformas. Pero al igual que con su padre, las reformas sobre el papel resultaron ineficaces. En 1263 estalló la segunda guerra de los Barones, con los barones rebeldes liderados por Simón de Montfort.

Durante el conflicto, tanto Enrique III como su hijo y heredero, Eduardo, fueron capturados. Parecía que Simón de Montfort y los barones ganarían, pero Eduardo escapó de la captura y derrotó a Montfort en la batalla de Evesham. La guerra continuó durante dos años después de esto. Finalmente terminó en 1267, y Enrique III fue restaurado en el trono.

La victoria de Enrique III no vino acompañada de la restauración total del poder real. Durante los últimos años de su reinado, tras la guerra, se vio obligado a acceder a algunas de las peticiones de los barones, como restringir los funcionarios locales del rey para evitar abusos y confirmar la Carta Magna. Negoció con el Parlamento la obtención de fondos para la cruzada de su hijo, lo que marcó una importante transición en la historia inglesa. El rey recurría ahora al Parlamento para la aprobación de los impuestos, algo que se convertiría en un elemento básico del sistema inglés. El rey Enrique III murió en 1272, y el reinado de su hijo Eduardo marcaría el comienzo del último periodo medieval: la Baja Edad Media.

Los años 1066 a 1272 fueron testigos de cambios masivos en la monarquía y los poderes que gobernaban la nación inglesa. En 1066, Guillermo I se estableció como un fuerte rey conquistador. Consiguió introducir un sistema feudal que teóricamente otorgaba mucho poder a la monarquía. Sin embargo, en 1272, Enrique III había aceptado el hecho de que si quería seguir siendo el rey de Inglaterra, tendría que complacer a los barones.

Aunque a menudo pensamos en el periodo medieval como una época en la que los monarcas gobernaban con soberanía absoluta, este periodo de la historia inglesa nos muestra que no siempre fue así. Se podían poner límites al poder de un rey. Sin embargo, esos límites a menudo tenían que ser confirmados con la espada más que con la pluma.

Capítulo 3: Baja Edad Media (1272-1485)

Podría pensarse que este último periodo de la Edad Media sería una época de prosperidad que conduciría a Inglaterra a la era del Renacimiento. Sin embargo, en su mayor parte, la Baja Edad Media fue todo lo contrario. Fue una época de grandes penurias y ruina para Inglaterra. Desde la devastación de acontecimientos naturales como la Gran Hambruna y la peste negra hasta la tensión provocada por conflictos como la guerra de los Cien Años, la Revuelta de los Campesinos y esa famosa guerra civil ahora conocida como las guerras de las Dos Rosas, la Inglaterra de 1272 a 1485 fue cualquier cosa menos aburrida, independientemente de la posición de cada uno.

Entonces, ¿cómo consiguió Inglaterra superar estos doscientos años y entrar en la era del Renacimiento? Las numerosas penurias acabarían forzando un cambio en la actitud de los gobernantes y el pueblo de Inglaterra. El final de la Edad Media se produciría menos por los acontecimientos en sí y más por los cambios en la mentalidad de la gente que estos acontecimientos produjeron.

Unidad a través de la guerra

Eduardo I subió al trono en 1272 tras más de cincuenta años de luchas entre los barones y el rey. El propio Eduardo había participado incluso en estos conflictos, ya que había vencido a las fuerzas de Simón de Montfort en la batalla de Evesham y restaurado a su padre, Enrique III, en el trono durante la segunda guerra de los Barones.

Por tanto, en un principio podría haber parecido que Eduardo I experimentaría luchas internas con los barones similares a las que habían asolado tanto a su padre (el rey Enrique III) como a su abuelo (el rey Juan). Sin embargo, al final de su reinado, Eduardo I sería uno de los reyes más exitosos de la historia inglesa. ¿Cómo transformó el legado de sus predecesores?

Tanto el rey Juan como Enrique III habían luchado con conflictos internos, y Eduardo I, lo quisiera o no, esencialmente puso fin a esto introduciendo un tipo diferente de conflicto. Durante su reinado, Eduardo I conquistaría Gales y casi conquistaría también Escocia. Su destreza militar hizo que Inglaterra pasara de las luchas internas a las guerras exteriores.

La conquista de Gales por Eduardo I fue a la vez brutal y eficaz. Desplegó una enorme fuerza en 1277 para su primera invasión y luego sometió aún más a los galeses, aplastando su revuelta en 1282, durante la cual fueron asesinados los miembros de la familia gobernante galesa. En 1283, Gales estaba efectivamente bajo control inglés. La conquista y posterior control de Eduardo I sobre Gales tuvo tanto éxito debido a las enormes cantidades de capital que Eduardo vertió en la campaña. El ejército invasor de Eduardo I no solo era lo suficientemente grande como para que los galeses tuvieran prácticamente pocas esperanzas de resistencia, sino que también construyó una serie de castillos en el territorio conquistado para cimentar su control sobre la zona. Fue caro pero muy eficaz.

Gales no fue el único lugar en el que se dejó sentir la fuerte aptitud militar de Eduardo I. Eduardo I también era conocido como el «martillo de los escoceses». La razón exacta de la invasión de Escocia por Eduardo I está ligada a una disputa sucesoria en la que no entraremos en detalle aquí, pero baste decir que, en 1296, Eduardo I invadió Escocia.

Edward Zanquilargo - Martillo de los escoceses⁴

La campaña escocesa de Eduardo I no tuvo ni de lejos el mismo éxito que su conquista de Gales, en gran parte debido al problema con el que luchan hasta hoy los administradores: la falta de fondos. Los gastos de la conquista galesa de Eduardo no le habían dejado dinero suficiente para repetir la misma estrategia en Escocia. Eduardo I también se enfrentó a una dura resistencia en Escocia por parte de figuras como William Wallace y Roberto I Bruce.

Aunque Eduardo I derrotó a Wallace en 1298, marchó de nuevo sobre Escocia en 1306, cuando Roberto I Bruce fue declarado rey de Escocia. Eduardo I pudo vencer a Roberto I Bruce en la batalla de Methven en 1306, pero murió en 1307 antes de poder terminar su conquista escocesa. La campaña quedó en manos de su hijo, Eduardo II.

Eduardo II no tenía la misma capacidad militar que su padre. En 1314, las fuerzas de Roberto I Bruce derrotaron a las de Eduardo II en la batalla de Bannockburn, poniendo fin de forma efectiva a las esperanzas inglesas de conquistar Escocia, aunque no se firmó un tratado hasta 1329.

La derrota de Eduardo II en Bannockburn marcó la aguda diferencia entre él y su padre. Mientras que Eduardo I había sido capaz de gobernar Inglaterra con eficacia, logrando la unidad nacional mediante campañas en el extranjero, Eduardo II no era una gran mente militar. Pronto se encontraría con el mismo problema al que se habían enfrentado su abuelo (Enrique III) y su bisabuelo (el rey Juan): los barones descontentos.

El reinado de Eduardo II puede describirse como poco menos que un desastre. La descarada promoción de sus favoritos personales, como Piers Gaveston y los Despenser, condujo a malas decisiones gubernamentales. También enfureció enormemente a las élites gobernantes, que se veían relegadas. Los barones presionaron a Eduardo II para que introdujera cambios en el Parlamento tanto en 1311 como en 1327, pero no consiguieron hacer reformas sustanciales y duraderas.

Al final, Eduardo II fue depuesto por su propia familia. Su esposa, la reina Isabel, y su amante, Roger Mortimer, invadieron Inglaterra en 1326. Eduardo II fue capturado poco después, y su hijo Eduardo III fue nombrado rey en su lugar en 1327.

Las campañas de Eduardo I contra Gales y Escocia habían unido brevemente al rey y a los barones bajo un objetivo común, pero los fracasos militares de Eduardo II y su deficiente reinado habían introducido de nuevo el problema del descontento de los barones. Cada vez estaba más claro que Inglaterra solo podía gobernarse eficazmente cuando el rey contaba con el apoyo de sus barones.

La gran hambruna

Hagamos un paréntesis entre reyes y barones para hablar de cómo era la vida del ciudadano de a pie en la Baja Edad Media. A principios del siglo XIV, Inglaterra, como el resto de Europa, iba bastante bien económicamente. La productividad agrícola estaba en su punto más alto, con más tierras en uso que nunca, y la población había crecido en los dos últimos siglos como consecuencia de ello. No era simplemente una época de agricultura de subsistencia. Los excedentes permitían que floreciera el comercio, y las ciudades ofrecían lugares para que los campesinos vendieran y compraran diversos bienes.

Sin embargo, la sociedad seguía basándose en la agricultura, lo que la hacía vulnerable a las catástrofes agrícolas. La gran hambruna, que comenzó en 1315, fue devastadora para una sociedad así. Aunque las hambrunas suelen estar causadas por la sequía, la gran hambruna fue el resultado de un problema meteorológico muy diferente: las fuertes lluvias. La gran hambruna fue causada por un periodo de fuertes lluvias y temperaturas frescas. Esto no solo provocó la pérdida de las cosechas, sino que las condiciones de humedad también impidieron la producción de heno para alimentar al ganado.

El reciente crecimiento demográfico hizo que la hambruna fuera aún más devastadora. Antes de la hambruna, muchos campesinos habían podido por fin adquirir sus propias tierras, y había muchas comunidades agrícolas, desarrollándose en lugares marginales con tierras más difíciles de cultivar. Estos asentamientos se encontraban en sus primeras etapas precarias cuando sobrevino la hambruna. La gente vendió tierras en masa y se trasladó hacia centros de población más grandes con la esperanza de poder comprar alimentos. Sin embargo, los precios de los alimentos se dispararon rápidamente. La gente empezó a comerse su ganado y la cooperación en las pequeñas comunidades agrícolas se vino abajo. En 1322, entre el 10 y el 15 % de la población inglesa había muerto de inanición. A pesar de esta devastación, la población se recuperó con relativa rapidez, una vez que el tiempo empezó a cooperar en 1322. Para 1330, tanto la población como el comercio se habían recuperado.

Aunque tuvo relativamente pocos efectos a largo plazo en la historia de Inglaterra, la gran hambruna nos muestra lo incierta que podía ser la vida en la Edad Media, especialmente para las clases bajas. No solo Inglaterra, sino toda Europa, se enfrentó a enormes pérdidas de vidas a causa del clima. Aunque en cierto modo era inevitable, también demuestra la incapacidad de los gobiernos medievales para hacer frente a este tipo de crisis con eficacia. Era una época de inestabilidad, en la que la gente se veía conmovida y desgarrada tanto por los caprichos de la naturaleza como por los de los reyes.

La guerra de los Cien Años

En 1340, el rey Eduardo III tomó una decisión que afectaría enormemente a todo el pueblo inglés durante mucho tiempo. Se declaró rey de Francia. Eduardo III no fue el primer rey inglés en hacer esta afirmación, pero sí el primero dispuesto a hacer valer su punto de vista. Francia e Inglaterra habían iniciado un período de conflicto que duraría más de cien años.

Puede resultar fácil suponer que la guerra de los Cien Años no fue más que el resultado de la ambición desmedida de Eduardo III, pero eso simplifica mucho el asunto. La monarquía francesa también mostraba signos de gran ambición, y Eduardo III necesitaba proteger el comercio inglés en Flandes. Además, Eduardo III parecía haber comprendido lo que había hecho tan exitoso a su abuelo Eduardo I. La lucha de Eduardo III contra Francia dio unidad a su reinado. En lugar de discutir con su rey, las guerras francesas dieron a la élite inglesa un lugar para cooperar y alcanzar sus propias ambiciones. Después de todo, la guerra es un negocio muy rentable. Al igual que su abuelo, Eduardo III sofocó las luchas internas con un conflicto externo.

Los combates reales de la guerra de los Cien Años no fueron cien años de lucha constante, sino más bien cien años de diversas campañas en Francia (además, duró más de cien años, ya que la mayoría de los historiadores dicen que comenzó en 1337 y terminó en 1453). No hay espacio suficiente para empezar siquiera a discutir el desarrollo de la guerra aquí, pero algunas batallas notables incluyen Crécy (1346), Poitiers (1356), Azincourt (1415), el sitio de Orleans (1429) y Castillon (1453).

La guerra fue iniciada por Eduardo III, y no terminaría hasta el reinado de Enrique VI. Cinco reyes ingleses continuarían este conflicto con Francia, siendo algunos más exitosos que otros. Enrique V se convirtió en un héroe nacional gracias a sus victorias, como la de Azincourt, y los fracasos militares durante el reinado de Ricardo II provocaron el primer levantamiento popular de la historia inglesa.

La Revuelta de los campesinos

Para entender lo que condujo a la Revuelta de los campesinos en 1381, primero debemos comprender lo estrechamente ligados que estaban la guerra y los impuestos en el periodo medieval. En la Edad Media, los impuestos eran el resultado directo de la guerra. Un rey solo podía gravar directamente a sus súbditos cuando existía una necesidad expresa, es decir, la defensa del reino. Este principio también se había utilizado para justificar los impuestos en guerras agresivas, como las campañas francesas.

A estas alturas de la historia inglesa, los impuestos ya no estaban únicamente bajo el control del rey. El Parlamento tenía que aprobar los impuestos. Por lo tanto, si los reyes querían continuar sus guerras, a menudo tenían que acceder a ciertas exigencias para conseguir que el

Parlamento aprobara sus planes fiscales. Este control del poder del rey fue el resultado de más de un siglo de descontento de los barones y de presiones sobre varios reyes.

Lo que todo esto significa es que, a los ojos de la mayoría de la población inglesa, la derrota en la guerra era el resultado directo de una mala gestión de los fondos procedentes de los impuestos y que los impuestos eran el resultado tanto del Parlamento como del rey. Pagar impuestos por el éxito de las campañas militares era una cosa, pero verse obligado a pagar por las derrotas resultaba irritante.

Por desgracia, la lógica de la guerra solo agrava este problema. Tanto si se gana como si se pierde, las guerras son caras. Sin embargo, cuando se va ganando, se puede compensar al menos parcialmente ese gasto con el botín que se obtiene. Así, una guerra que va mal acaba inevitablemente costando más que una guerra que va bien.

A finales de la década de 1370, la guerra no iba bien para los ingleses, y estos estaban siendo gravados con fuertes impuestos. De 1357 a 1371, no había habido ningún impuesto directo sobre el pueblo inglés, pero con la subida al trono de Ricardo II en 1377, hubo impuestos directos todos los años durante cuatro años. A pesar de ello, no hubo grandes triunfos militares. En 1381, cuando se emitió un tercer impuesto de capitación, estalló una revuelta popular.

Esta época de fuertes impuestos podría no haber dado lugar a un levantamiento si no fuera porque el pueblo ya estaba resentido. La peste negra (de la que hablaremos en detalle en un capítulo posterior) había llegado a Inglaterra alrededor de 1348, matando a una parte suficiente de la población como para provocar una escasez de mano de obra. La escasez de mano de obra significaba que los trabajadores tenían de repente la influencia necesaria para exigir mejores salarios y condiciones de trabajo. Sin embargo, el gobierno, que estaba formado por personas que tenían que pagar a estos trabajadores, aprobó una ley de salario máximo, limitando la cantidad que los trabajadores podían exigir. Este trato engendró naturalmente el resentimiento, que hirvió bajo la fuerte fiscalidad de 1377 a 1381.

La revuelta se concentró en el sureste de Inglaterra, y al principio tuvo bastante éxito. Liderados por Wat Tyler, los rebeldes marcharon hacia Londres. Tyler consiguió incluso entrevistarse con el rey y el alcalde de Londres.

Sin embargo, en la reunión, las cosas se torcieron rápidamente para los rebeldes. El alcalde de Londres mató a Tyler, y el rey consiguió de alguna manera convencer a los rebeldes para que se marcharan a casa haciendo promesas de reforma, promesas que no se llevaron a cabo. Tras dispersarse, los rebeldes se encontraron en el lado equivocado de la ley, y muchos fueron castigados. La revuelta había quedado en nada.

La muerte de Wat Tyler (la imagen muestra al rey Ricardo dos veces, tanto hablando con los campesinos como presenciando el asesinato de Tyler)[6]

A pesar de su fracaso, la Revuelta de los campesinos de 1381 es un acontecimiento crucial en la historia de Inglaterra. Aunque los barones habían promulgado la Carta Magna más de un siglo antes, esta era la primera vez que las masas desafiaban al gobierno del rey. Fue un momento histórico solo por esto, pero también mostró signos de algo que se convertiría en un sentimiento nacional a finales de la Edad Media: el hastío de la guerra.

En la época medieval, la guerra era lo que hacía y deshacía reinos. Como hemos visto hasta ahora en este capítulo, la guerra era a menudo el factor sustentador que mantenía a los reyes en el poder y a los gobiernos estabilizados, pero también podía girar y convertirse en lo que derribaba a esos mismos gobiernos. La guerra era un factor unificador, pero volátil. Haría falta otro brutal conflicto interno para que Inglaterra empezara a buscar un camino diferente.

Las guerras de las Dos Rosas

La guerra de las Dos Rosas es uno de los conflictos más famosos de la historia inglesa. Incluso la increíblemente popular serie *Juego de Tronos* está basada en este acontecimiento concreto. Su impacto perdurable en la imaginación popular se debe en gran medida a Shakespeare, que escribió una serie de obras sobre el acontecimiento. Muchas de las cosas que vienen a la mente cuando se oye hablar de las guerras de las Dos Rosas se deben probablemente a Shakespeare. ¿La idea de que los partidarios de las distintas facciones escogían una rosa blanca o una roja para mostrar su apoyo? Gracias a Shakespeare. ¿Que Ricardo III era un jorobado malvado y feo que asesinó a sus sobrinos? Idea de Shakespeare. Aunque el bardo no se equivocó en todo sobre las guerras de las Dos Rosas, debemos recordar que Shakespeare escribió sus obras más de un siglo después de los acontecimientos y que escribía para entretener, no para ser preciso.

Entonces, ¿qué ocurrió realmente durante este conflicto que solo más tarde llegaría a llamarse las guerras de las Dos Rosas? Fue una época caótica que vio a dos casas nobles completamente aniquiladas en su pugna por el trono. No podemos pretender abarcar aquí todos los desordenados detalles, pero exploraremos una visión general básica de esta guerra que puso fin a la Edad Media en Inglaterra.

Aunque el derramamiento de sangre comenzó oficialmente en 1455 en la primera batalla de St. Albans, los problemas que desembocaron en la guerra empezaron mucho antes. Enrique VI, que ascendió al trono siendo un infante tras la prematura muerte de Enrique V en 1422, era un rey débil. Incluso cuando había alcanzado la edad para gobernar por derecho propio, Enrique VI no era un gobernante capaz. A medida que este hecho se hacía cada vez más evidente, otros hombres se mostraban ansiosos por asumir el papel de gobernante práctico de Inglaterra mientras Enrique VI seguía llevando la corona.

Un hombre que buscó este papel fue Ricardo, duque de York. Hacia 1450, Ricardo se veía a sí mismo como el mejor hombre para convertirse en la mano derecha del rey (lo que, en el caso de Enrique VI, significaba gobernar Inglaterra). Sin embargo, Ricardo no previó que Enrique VI vería la oferta de ayuda de Ricardo como una amenaza. Las cosas solo empeoraron por el hecho de que a Ricardo le desagradaba profundamente el hombre que Enrique VI había elegido en su lugar: Edmundo Beaufort, duque de Somerset.

Ricardo de York se disputó el poder durante cinco años sin derramamiento de sangre antes de que las cosas llegaran a un punto de ebullición en 1455 en St. Albans. Allí, la facción yorkista derrotó a la fuerza lancasteriana (Enrique VI era de la Casa de Lancaster) y capturó a Enrique VI, haciéndolo marchar de vuelta a Londres. Enrique VI siguió siendo el rey, con York como su principal consejero y el gobernante de facto de Inglaterra.

Desgraciadamente, esto resultaría ser solo el comienzo de una serie de batallas y conflictos entre las Casas de Lancaster y York que durarían algo más de treinta años, con el último pretendiente al trono derrotado en 1487. La ventaja oscilaba entre uno y otro bando como un péndulo. A continuación encontrará una breve lista de cómo se desarrollaron las batallas:

- 1455: Primera batalla de St. Albans - Victoria de los yorkistas.
- 1459: Batalla de Ludford Bridge - victoria lancasteriana; Ricardo de York huye del país.
- 1460: Batalla de Wakefield: victoria lancasteriana; muere Ricardo de York.
- Febrero de 1461: Batalla de Mortimer's Cross - victoria yorkista liderada por Eduardo, hijo de Ricardo.
- Febrero de 1461: Segunda batalla de St. Albans - victoria lancasteriana.
- Marzo de 1461: Eduardo de York declaró rey a Eduardo IV.
- 1470: Enrique VI es restaurado en el trono.
- 1471: Batalla de Tewkesbury - victoria yorkista; Enrique VI es asesinado en la Torre de Londres; Eduardo IV es el rey indiscutible.

Estas fechas dan una idea del caos absoluto de la época, pero solo son un rasguño de la superficie. La ley y el orden se resintieron, ya que los hombres se hicieron con el poder y luego fueron derrocados por fuerzas rivales. La lucha fue brutal y dejó a mucha gente en ambos lados del conflicto buscando venganza por los seres queridos perdidos. Parecía que

Eduardo IV se había sentado victorioso en el trono en 1471, pero ese no fue el final de este drama.

Cuando Eduardo IV murió en 1483, su hijo se convirtió en Eduardo V. Sin embargo, solo unos meses después, los dos hijos de Eduardo IV fueron declarados ilegítimos. El hermano de Eduardo IV, Ricardo, fue declarado rey. Se convirtió en Ricardo III. Existe la creencia extendida de que Ricardo III mandó entonces matar a sus sobrinos para asegurar su reclamo.

La historia no recuerda con cariño a Ricardo III, pero podría haber visto sus acciones de forma diferente de no ser por lo que ocurriría dos años más tarde. El último derramamiento de sangre de los principales pretendientes al trono en las guerras de las Dos Rosas fue la batalla de Bosworth en 1485. Ricardo III fue asesinado y Enrique Tudor subió al trono. Perder la batalla de Bosworth fue visto como un juicio divino por los males de Ricardo, y desde entonces se lo ha visto en la infamia. Podríamos pensar en Ricardo III de forma muy diferente si hubiera ganado esa batalla.

Pero, ¿quién era Enrique Tudor? La viuda de Enrique V, Catalina de Valois, se casó con un galés, Owen Tudor. Los hijos de Catalina con Owen Tudor fueron, por tanto, hermanastros de Enrique VI. Uno de sus hijos, Edmundo Tudor, se casó entonces con una mujer llamada Margaret Beaufort, que podía remontar su linaje en línea directa hasta Juan de Gante, duque de Lancaster, que era el tercer hijo de Eduardo III. Enrique Tudor era hijo de Edmundo y de Margarita Beaufort, y reclamaba el derecho al trono por ambas líneas.

Si la reivindicación de Enrique Tudor suena dudosa, es porque lo era. Ningún contemporáneo habría elegido a Enrique Tudor como firme pretendiente al trono, pero, gracias a las guerras de las Dos Rosas, en 1485, Enrique Tudor y Ricardo III eran los únicos pretendientes reales que quedaban en pie. (Tras la muerte de Ricardo se presentaría un pretendiente, cuya derrota pondría fin oficialmente a las guerras). Con la derrota de Ricardo III en la batalla de Bosworth, Enrique Tudor era efectivamente la única opción. Se convirtió en Enrique VII. Para solidificar aún más su reivindicación y poner fin definitivamente al derramamiento de sangre, Enrique VII se casó con Isabel de York, hija de Eduardo IV. Las Casas de Lancaster y York estaban unidas y la guerra había terminado por fin. Inglaterra había entrado en una nueva era. La Edad Media había terminado.

El fin de la Edad Media

¿Por qué exactamente este momento marca el final de la Edad Media? Después de todo, hemos visto varias dinastías ir y venir a lo largo del periodo medieval, y la guerra de las Dos Rosas no fue la única guerra civil que asoló Inglaterra durante esta época.

La Inglaterra de la Edad Media se había formado y definido por la guerra. La guerra con los invasores vikingos había unido originalmente al país bajo la dinastía de Wessex, y a lo largo de los cinco siglos siguientes, la guerra sirvió tanto de perdición como de bendición para muchos reyes ingleses. El éxito en la guerra solidificaba el propio gobierno, pero la falta de destreza militar a menudo conducía a la rebelión. La guerra era la única fuerza detrás de las tasas impositivas, y la ley y el orden se derrumbaron varias veces bajo la presión de la guerra interna. Aunque a menudo lo idealicemos y exageremos, no cabe duda de que el periodo medieval fue una época violenta.

El final de las guerras de las Dos Rosas marcó el comienzo de una transición en la que la guerra dejó de ser el principal objetivo del gobierno. Aunque Enrique VII se enfrentó a rebeliones y podía ser bastante despiadado con sus oponentes políticos, se esforzó por mantener la paz durante su reinado, pasando el trono a su hijo, Enrique VIII. Este fue el trono inglés más estable que había tenido en mucho tiempo. Era un trono basado en el derecho hereditario y soberano del rey a gobernar más que en el derecho a gobernar mediante la conquista. La autoridad personal de los reyes era algo mucho más estable en lo que confiar en que su autoridad militar (aunque la autoridad personal de los reyes acabaría siendo cuestionada en Inglaterra durante la guerra civil inglesa del siglo XVII).

Esto no significa que la guerra no tuviera lugar en Inglaterra después de la Edad Media. Enrique VIII reanudaría el conflicto con Francia, y la derrota de la Armada española por los ingleses en 1588 tendría enormes efectos en el futuro de Inglaterra. Más de un siglo después de las guerras de las Dos Rosas, otra guerra civil volvería a azotar Inglaterra. Así pues, las guerras seguirían siendo un factor determinante en la historia inglesa, pero ya no eran el eje en torno al cual giraba toda la nación, en particular el gobierno. La industria y el comercio habían progresado constantemente y, a medida que Inglaterra se adentraba en el periodo renacentista, aspectos como la religión y el arte se convertirían en definidores cada vez más importantes de la nación inglesa. Inglaterra había comenzado como una nación unida por la conquista y la necesidad de defensa. Creció hasta convertirse en una nación con una cultura, unos sistemas y un pueblo únicos. Examinaremos estos aspectos más de cerca cuando sigamos analizando la Inglaterra medieval con más detalle.

Capítulo 4: Los anglo... ¿qué?

Como ya comentamos en el capítulo 1, los anglosajones no eran los habitantes originales de Gran Bretaña, pero fueron los que dieron nombre a Inglaterra (Angleland). El primer rey de Inglaterra era anglosajón y la lengua de Inglaterra (el inglés) deriva de la lengua anglosajona. Está claro que los anglosajones son importantes para la historia de Inglaterra. Son el inicio de la historia inglesa, pero ¿quiénes eran exactamente los anglosajones y, cómo eran?

¿La Edad Oscura?

Durante mucho tiempo, el periodo comprendido entre la salida romana de Gran Bretaña y la conquista normanda, que fue cuando los anglosajones dominaron Inglaterra, fue conocido como la Edad Oscura. Este nombre proviene de la idea de que en este periodo se produjeron muy pocos avances en algo parecido al conocimiento o la cultura. Desde esta perspectiva, la historia consideraba a los anglosajones como unos pobres bárbaros que apenas lograban reunir lo suficiente para salir adelante.

Por supuesto, se ha demostrado que este concepto del periodo anglosajón es tremendamente inexacto. La creencia de que el periodo comprendido entre 400 y 1100 aproximadamente fue una edad oscura, desprovista de cultura y progreso, procede de un apego demasiado sentimental a Roma y su cultura. Roma se refería a estos pueblos como bárbaros, y los historiadores siguieron durante mucho tiempo la perspectiva romana.

Aun así, no sería justo actuar como si esa fuera la única razón por la que el periodo anglosajón ha sido apodado la Edad Oscura durante tanto tiempo. En cierto modo, fue la Edad Oscura, al menos en retrospectiva, porque sabemos relativamente poco sobre este periodo. Hay un puñado de fuentes escritas como *La ruina de Gran Bretaña* de san Gildas (probablemente escrita en algún momento del siglo VI), la *Historia eclesiástica del pueblo de los anglos* de Bede el Venerable (escrita en el siglo VIII) y la *Crónica anglosajona* (recopilada por primera vez durante el reinado de Alfredo el Grande en el siglo IX). Estas pocas fuentes, que abarcan más de quinientos años de historia, no son gran cosa, sobre todo si se comparan con la riqueza de fuentes que tenemos sobre la antigua Roma.

También está el hecho de que debemos cuestionar la fiabilidad de las fuentes. Por ejemplo, tanto san Gildas como Bede presentan claros sesgos y probables inexactitudes en sus relatos. Muestran una devoción por la narración que, si bien hace que sus relatos sean más interesantes, también hace que su exactitud sea cuestionable. Por ejemplo, Bede dice que los colonos anglosajones (o invasores, según se mire) tenían dos líderes, Hengist y Horsa, que descendían del dios Woden. No solo es muy cuestionable la parte del antepasado divino, sino que Hengist y Horsa también significan semental y caballo. Es probable que estos dos no fueran más que figuras míticas similares a Rómulo y Remo de la mitología romana.

Lo que todo esto significa es que los historiadores probablemente hacían algunas suposiciones sobre los anglosajones porque no tenían muchas pruebas en las que basarse. Entonces, ¿cómo sabemos que muchas de esas suposiciones eran inexactas? Aunque las fuentes escritas sean escasas, tenemos otra forma de obtener información sobre la Inglaterra anglosajona. Existe una gran cantidad de pruebas arqueológicas, que solo se han descubierto en el último siglo, que nos han hecho replantearnos nuestra forma de ver a los anglosajones.

Tomemos, por ejemplo, el famoso yacimiento de Sutton Hoo. Se trata de un yacimiento funerario que se excavó por primera vez a finales de la década de 1930. En él se encontró una gran variedad de tesoros: máscaras funerarias, hebillas, armas, joyas y mucho más. Estos ajuares funerarios —artículos enterrados con los muertos— nos mostraron varias cosas sobre los anglosajones. Tenían riqueza —suficiente incluso para enterrar una buena cantidad con sus muertos— y su sociedad tenía estructura y cultura. Los ajuares funerarios eran una indicación de estatus, mostraban la existencia de una jerarquía, y la práctica de enterrar a los muertos con bienes tan elaborados muestra un sistema de creencias y rituales. Los anglosajones eran algo más que pobres bárbaros que solo practicaban una agricultura de subsistencia.

Una réplica del casco anglosajón encontrado en Sutton Hoo[7]

Desde el descubrimiento de Sutton Hoo, se han producido aún más hallazgos arqueológicos del periodo anglosajón. Así, nuestro conocimiento de esta «Edad Oscura» sigue creciendo. Sin embargo, el simple hecho es que nunca tendremos tantos datos exactos sobre este periodo como nos gustaría, pero lo mismo podría decirse de muchas épocas de la historia. Veamos ahora algunos datos concretos sobre los anglosajones.

¿De dónde vienen?

Los anglosajones fueron colonos germánicos que llegaron a Gran Bretaña tras la marcha de los romanos. Concretamente, según el Bede el Venerable, había tres grupos principales: los anglos, los sajones y los jutos. Su desplazamiento a Gran Bretaña ha llegado a conocerse como la colonización inglesa.

Las historias escritas continúan contándonos que los anglosajones conquistaron el sur y el sureste de Gran Bretaña en un reinado de terror, aniquilando a los nativos britanos y empujándolos hacia el oeste, que más tarde se convirtió en Gales. Esta versión sugiere que el pueblo inglés desciende casi en su totalidad de pueblos escandinavos y germánicos.

Como ya hemos comentado, hemos aprendido a ser prudentes a la hora de dar por sentado todo lo que dicen estas historias escritas. Las pruebas arqueológicas y científicas (como las del campo de la paleobotánica) sugieren que la realidad del asentamiento inglés es más complicada que la simple sustitución de un grupo por otro. Parece más probable que los nativos britanos se asimilaran a la cultura anglosajona, del mismo modo que se habían romanizado mientras fueron una provincia romana. Puede que los anglosajones no se asentaran en Gran Bretaña con la enorme cantidad que se creía, pero consiguieron formar una sociedad en la que ocupaban un nivel superior en la jerarquía social que los britanos. Es posible que entonces los britanos adoptaran gradualmente la lengua y la cultura anglosajonas para ganar más estatus social en esta nueva sociedad. Los britanos desaparecieron porque se convirtieron en anglosajones, no porque fueran masacrados, por lo que los anglosajones que vivieron en Inglaterra pueden haber incluido a muchos más britanos de lo que pensamos en un principio. Eran una combinación de pueblos que se desarrolló con el tiempo hasta convertirse en un pueblo inglés distinto.

Conversión al cristianismo

Cuando los anglosajones llegaron por primera vez a Inglaterra, eran indudablemente paganos. Recuerde que Bede afirma que sus líderes descendían de Woden. Sin embargo, en la época de Alfredo el Grande, muchos de los reyes anglosajones eran cristianos. Alfredo incluso exigió al rey vikingo Guthrum que se convirtiera al cristianismo en 878. ¿Cómo se produjo este cambio religioso y qué significó para los anglosajones?

La historia de cómo llegó el cristianismo a Inglaterra es bastante dramática. Al parecer, el papa Gregorio I, antes de ser papa, vio a unos hermosos esclavos en el mercado de Roma. Cuando preguntó quiénes eran, le dijeron que eran los *anglii*. Pensó que el nombre era apropiado, ya que parecían ángeles, y Gregorio creía que debían de ser herederos de los ángeles en el cielo. Decidió entonces convertir a los ingleses al cristianismo, pero luego se convirtió en papa y ya no tenía libertad para viajar como misionero. Así pues, envió a Agustín en su lugar en 597, y así fue como el cristianismo llegó a Inglaterra. Agustín llegaría a ser conocido como el «apóstol de los ingleses».

Tanto si esta historia es cierta como si no, plantea algunos problemas. En primer lugar, el cristianismo ya había llegado a Gran Bretaña mucho antes de esto, cuando aún era una provincia romana, e incluso los reyes anglosajones de la época conocían el cristianismo. El rey Ethelberto de Kent tenía una esposa cristiana antes de que llegara Agustín. También debemos desconfiar de la forma en que esta narración sugiere que la llegada de Agustín simplemente llevó el cristianismo a los anglosajones. Para empezar, Agustín y los misioneros que llegaron con él no fueron los únicos responsables de la conversión de los anglosajones. Es posible que los misioneros procedentes de Irlanda tuvieran un mayor éxito en general. Además, el proceso fue mucho más gradual de lo que sugiere la historia. Llevó muchas décadas, y se facilitó por el hecho de que se permitió al pueblo conservar muchas de sus prácticas e incluso templos. A los templos paganos se les quitaron los ídolos y se convirtieron en iglesias. Las fiestas paganas se convirtieron en fiestas cristianas para los santos. Los anglosajones en su conjunto no se pasaron tanto al cristianismo como se deslizaron lentamente hacia él.

¿Por qué la conversión al cristianismo es un dato importante sobre los anglosajones? Aunque es posible que los historiadores tradicionales, en concreto Bede, hayan hecho demasiado hincapié en lo mucho que afectó esta conversión a la sociedad anglosajona, lo cierto es que tuvo un enorme impacto en los anglosajones, especialmente en sus reyes.

En pocas palabras, convertirse al cristianismo resultó ser un movimiento de poder inteligente para los gobernantes anglosajones por varias razones. La Iglesia católica romana era ya un poder establecido al que estaban vinculados muchos reinos europeos. Convertirse al cristianismo proporcionó así a los reyes anglosajones conexiones y un estatus que no habían tenido anteriormente. También estaban los miembros del clero. Su presencia daba distinción a las cortes de los reyes anglosajones, y eran útiles por su conocimiento de la escritura. Con la escritura, los reyes podían emitir demandas que afectaban a un radio mucho mayor, lo que significaba que podían ampliar las zonas que controlaban. Los rituales del cristianismo también fueron beneficiosos para los reyes anglosajones. Los reyes podían situarse en posiciones de superioridad, actuando como padrinos en los bautizos. También estaba la uniformidad del culto cristiano. En todo el reino, las Iglesias podían reunirse y rezar por su rey. Por último, la estructura de la Iglesia resultó útil. Con el establecimiento de iglesias y monasterios, los reyes tuvieron la oportunidad de ver a personas leales a ellos en instituciones que se convertirían en el centro de la vida local.

Así, en muchos sentidos, el cristianismo transformó verdaderamente la Inglaterra anglosajona. En el transcurso del siglo VII, a medida que el cristianismo se extendía, los reyes pudieron utilizarlo para ampliar su control y aumentar su poder. Fue en ese momento cuando las numerosas tribus anglosajonas de toda Inglaterra se consolidaron en los siete reinos de la heptarquía.

¿Cómo eran?

Hasta ahora hemos hablado de lo que no eran los anglosajones, de dónde procedían y de cómo los cambió el cristianismo, pero ¿cómo eran en realidad? Aunque todavía estamos limitados por la información que tenemos sobre este periodo, presentamos algunos datos que conocemos sobre la cultura anglosajona.

Empecemos por la lengua, que es un componente clave de cualquier cultura. Los anglosajones hablaban inglés antiguo, que no se parece tanto al inglés moderno como su nombre indica. El inglés antiguo y el inglés moderno son dos lenguas diferentes, aunque el inglés moderno deriva ciertamente del inglés antiguo. Por ejemplo, en contra de lo que pueda haber oído, Shakespeare no escribió en inglés antiguo. Utilizó el inglés moderno temprano. El inglés antiguo es una lengua completamente diferente. Por ejemplo, el inglés antiguo tiene sustantivos de género y utiliza casos, y si usted no sabe lo que es ninguna de esas dos cosas, eso solo le demuestra lo diferente que es realmente el inglés antiguo.

La primera página de Beowulf en inglés antiguo[*]

Como mencionamos en el primer capítulo, Gran Bretaña es una de las únicas antiguas provincias romanas cuya lengua moderna no es una lengua romance (derivada del latín). Una de las razones puede haber sido la importancia que los anglosajones daban a su lengua. Ser capaz de hablar bien el inglés antiguo, es decir, sin sonar como un britano, era importante para el estatus social. Los anglosajones estaban convencidos de que eran mejores que los britanos nativos, y hablar inglés antiguo era, por tanto, una marca de etnia «superior». Esta jerarquía animó entonces a los britanos nativos a aprender a hablar inglés antiguo igual que los anglosajones como forma de aumentar su estatus social, lo que contribuyó a asegurar la difusión y el dominio de la lengua.

El inglés antiguo es también algo que diferenciaba a los anglosajones de las tribus germánicas del continente. Aunque el inglés antiguo pertenece al grupo de lenguas germánicas occidentales, surgió en algún momento alrededor del siglo V en la isla de Gran Bretaña, lo que indica que, en lugar de ser simples inmigrantes, los anglosajones constituían su propio grupo de población bastante temprano en la Edad Media.

Había algo más que su lengua que hacía única a la cultura anglosajona. Los anglosajones valoraban mucho a los parientes y a la familia, y eso tuvo un gran impacto en sus costumbres. Por ejemplo, su familia era la responsable de vengar su muerte y no la ley. Esta práctica se les fue tanto de las manos que hubo que establecer un sistema llamado *wergild*. El *wergild* fijaba un precio a la vida de una persona, que luego sería la multa que el culpable debía pagar si mataba o hería a esa persona.

Este sistema de utilizar dinero manchado de sangre para detener un ciclo constante de asesinatos por venganza nos muestra mucho sobre los anglosajones. Aunque eran un pueblo que valoraba la guerra y el honor, las realidades de cómo esto se llevaba a cabo eran a menudo complejas. Los valores anglosajones podían hacer que fuera importante vengar a los parientes, pero tales prácticas eran demasiado caóticas para perdurar mucho tiempo, por lo que se estableció el *wergild*. Otro ejemplo de la tensión en los valores y la vida anglosajones puede encontrarse en su conversión al cristianismo. Los anglosajones creían claramente en la idea de la venganza, pero el cristianismo tiene una clara doctrina de «poner la otra mejilla». Para eludir esto, algunos anglosajones retrasaban su conversión al cristianismo hasta después de haber resuelto un agravio pasado. Después de que la mayor parte de su sociedad se hubiera convertido, los anglosajones mantuvieron una extraña unión entre una sociedad que valoraba el parentesco y el honor junto con una religión que valoraba la humildad. Eran una sociedad que producía poemas tanto sobre la piedad religiosa como sobre las batallas.

Aunque nos cueste entenderlo, la sociedad anglosajona floreció a pesar de estas aparentes contradicciones. Simplemente demuestra que, independientemente de lo que sepamos sobre los anglosajones sobre el papel, las realidades de su cultura eran mucho más matizadas y complejas de lo que a menudo les atribuimos.

¿Qué fue de los anglosajones?

A los anglosajones les iba bastante bien en Inglaterra, pero, como ya sabemos, eso no duró. En 1066, los normandos conquistaron Inglaterra.

Entonces, ¿por qué hoy sigue siendo Inglaterra (la tierra de los anglos)? ¿Qué ocurrió exactamente con los anglosajones tras la conquista normanda?

La conquista normanda provocó grandes cambios en la sociedad anglosajona. Fue en ese momento cuando la lengua mutó a lo que llamamos inglés medio, e incluso entonces, no tenía el mismo estatus que antaño, siendo el francés y el latín las lenguas que señalaban el estatus de la élite. Hablando de la élite, los nobles anglosajones fueron sustituidos casi en su totalidad por los normandos, y los sistemas y estructuras de gobierno también se vieron alterados bajo la influencia normanda. Inglaterra nunca volvería a ser la misma después de la conquista.

Sin embargo, eso no quiere decir que la influencia anglosajona desapareciera por completo. Aunque las élites se decantaran por otras lenguas, la mayoría de la gente seguía hablando inglés, y esa lengua ha persistido en Inglaterra y, de hecho, ha ganado terreno en muchas partes del mundo gracias al colonialismo británico. Además, muchas de las ciudades y puertos modernos de Inglaterra tienen su origen en el periodo anglosajón. No cabe duda de que los anglosajones son el pueblo que primero formó Inglaterra y, en ese sentido, su influencia sigue dejándose sentir hasta nuestros días.

Capítulo 5: Estructura de la sociedad

Cuando piensa en la sociedad de la Inglaterra medieval, probablemente se imagina algo parecido al feudalismo. Un señor poseía la tierra y tenía campesinos que la trabajaban y le rendían homenaje a cambio de pequeñas parcelas propias donde cultivar alimentos para subsistir. Este señor que gobernaba a los campesinos estaba, a su vez, a las órdenes del rey y tenía que suministrar caballeros y otras cosas al rey cuando este lo requería. Era una pirámide social básica, con el rey en la cima y la mayoría de la población sentada en la base.

Aunque esa es una imagen bastante exacta de cómo funcionaba el feudalismo en la Inglaterra medieval, la estructura social en este periodo era un poco más complicada que eso. Durante aproximadamente los primeros quinientos años de este periodo (del 600 al 1066), Inglaterra técnicamente no era una sociedad feudal, e incluso cuando llegaron a serlo, Inglaterra tenía algunos campesinos libres, lo que significa que no todo el mundo encajaba tan limpiamente en esa pirámide social como podríamos pensar. Además, como hemos visto por las diferentes revueltas y luchas internas a lo largo de este periodo, el feudalismo causaba problemas y necesitaba ser reformado.

Así pues, en la sociedad inglesa medieval ocurren muchas más cosas que la mera estructura rey señor campesino. El período de ochocientos años no tuvo una única sociedad estancada, sino una sociedad en desarrollo y cambiante.

Antes del feudalismo

A menudo pensamos en el feudalismo como una forma primitiva de sociedad, y aunque eso puede ser cierto en algunos aspectos, también nos da una idea equivocada sobre el origen del feudalismo. El feudalismo no es la configuración por defecto de la sociedad. Antes de él existieron otras estructuras sociales. En Inglaterra, concretamente, no fue hasta la conquista normanda cuando Inglaterra adoptó un sistema plenamente feudal, así que ¿cómo era la sociedad bajo los anglosajones en la Alta Edad Media?

Los anglosajones comenzaron como una sociedad tribal. En lugar de grandes reinos, estaban divididos en muchas tribus más pequeñas que luchaban constantemente, ya que la guerra era bastante rentable. Conquistar a los vecinos no solo daba acceso a todas sus cosas, sino también a esclavos, que luego podían ser vendidos o utilizados como mano de obra gratuita. A través de este sistema, empezaron a surgir tribus más grandes y poderosas. Y cuanto más grande se hacía una tribu, más definida estaba la jerarquía social.

¿Cómo funciona eso? Imagine a un rey a cargo de un grupo de cien personas. Solo recibe tributo de esas cien personas, y no tiene una fuerza lo suficientemente grande como para ganar muchas batallas. Su riqueza, por tanto, probablemente no difiere demasiado de la de las personas sobre las que gobierna. Claro que sigue mandando, pero su casa, su ropa y otras cosas son más o menos iguales que las de los demás. En otras palabras, la brecha entre la parte superior e inferior de la sociedad es muy estrecha. Ahora, imagínese a un rey gobernando sobre cinco mil personas. No solo recibe más tributos, sino que también dispone de una fuerza mucho mayor con la que ganar batallas y adquirir aún más riqueza. La ropa de este rey, su vivienda, etc., probablemente empezarán a reflejar la riqueza que ha reunido. La brecha entre el peldaño superior y el peldaño inferior de la escala social es cada vez mayor.

Este cambio no solo afecta al rey. La riqueza llega también a otras personas y empezamos a ver el surgimiento de las élites. Sin embargo, aún estamos muy lejos del sistema feudal. A medida que las jerarquías sociales se fueron definiendo en la sociedad anglosajona, la práctica del pago de tributos se hizo mucho más organizada. Los feudos, que eran las propiedades de estas élites, recaudaban tributos de los campesinos de los alrededores. A medida que tanto los reyes como los *thegns* (nobles) se dieron cuenta de que quedarse y recaudar tributos podía ser más estable y rentable que la guerra constante, surgieron los reinos de la heptarquía anglosajona. El desarrollo de estos reinos con señoríos y nobles ya había comenzado en el continente, por lo que no tardaron en establecerse en Inglaterra.

Llegados a este punto, puede que esté pensando que esto suena muy parecido al feudalismo. ¿Por qué no se considera feudalismo? El reino de Mercia proporciona una buena ilustración de por qué este sistema de los anglosajones, aunque parecido al feudalismo, no lo era del todo. Hasta el ascenso de Wessex, que llegó con las incursiones vikingas, Mercia fue el más dominante de los reinos anglosajones. En el siglo VIII, los reyes mercios controlaban grandes franjas de territorio, pero su control no era del tipo del que la dinastía de Wessex estableció sobre Inglaterra en el siglo X. Los reyes mercios conquistaron zonas y las convirtieron en reinos clientes. Estos reinos tenían que rendir homenaje a Mercia en forma de tributo, pero ahí acababa más o menos el control. Los reinos conservaron sus reyes, leyes y costumbres. Los reyes mercios cobraban tributos, pero no «gobernaban» estos territorios. La estructura feudal de los normandos aportaría un control mucho más directo.

El feudalismo en la Inglaterra medieval

Fue la conquista normanda en 1066 la que introdujo plenamente el feudalismo en Inglaterra, pero el feudalismo inglés no era exactamente como el del continente. Como rey conquistador, Guillermo I estaba en una posición con mucho poder, y utilizó ese poder para fortalecer la posición del rey.

Guillermo creó una cadena a través de la cual el rey poseía toda la tierra. El rey entregaba la tierra a los señores, que luego la dividían y subdividían hasta llegar al último peldaño de la escala con los *villeins*, que eran personas que poseían pequeñas extensiones de tierra a cambio de su trabajo. El objetivo de este sistema era garantizar que todos fueran leales al rey en última instancia.

Esta cadena feudal era única en Inglaterra. En otros sistemas feudales de la época, los vasallos solo debían lealtad a su señor directo y no al rey. La posición increíblemente fuerte de Guillermo I tras conquistar Inglaterra le permitió inventar parcialmente este nuevo sistema, que tenía el potencial de dar a la monarquía un poder sustancialmente mayor. La palabra clave aquí es «potencial» porque este sistema esencialmente aseguraba la lealtad al rey sobre el papel. Se necesitaría un rey fuerte para hacer realidad esa lealtad.

Estos cambios llegaron hasta el campesinado a medida que los nuevos barones normandos reorganizaban sus feudos. Curiosamente, en este periodo se produjo un descenso de la esclavitud en Inglaterra, que, aunque pudo deberse en parte a los esfuerzos de la Iglesia, tuvo una razón mucho menos altruista. Los barones normandos eran a menudo terratenientes ausentes. Muchos de ellos poseían tierras a ambos lados del canal de la Mancha, y preferían recibir sus beneficios de las explotaciones inglesas en forma de dinero en efectivo. Por lo tanto, les resultaba más beneficioso repartir sus tierras entre campesinos que las trabajaran y luego les pagaran un tributo que poseer esclavos.

Aunque la esclavitud disminuyó, eso no significó que las clases bajas fueran cada vez más libres. El número de campesinos libres también disminuyó durante esta época, ya que la reorganización de la tierra y el nuevo sistema feudal aumentaron el número de *villeins*. Los *villeins* no eran esclavos, pero estaban clasificados como no libres. Alquilaban tierras a un señor y, a cambio, trabajaban parte de las tierras del señor, además de las suyas propias. A menudo también tenían que pagar a su señor honorarios por diversas cosas, como por ejemplo por casar a una de sus hijas.

Hombres cosechando trigo[9]

Los *villeins* tenían muy pocos derechos legales. No podían abandonar la tierra ni emprender acciones legales contra su señor en relación con la tierra. Sin embargo, en esta época, ser un *villein* también conllevaba un cierto nivel de estabilidad. Los señores rara vez echaban a los *villeins* de sus tierras, ya que los necesitaban para trabajar, lo que les ofrecía cierta protección frente a la inestabilidad de la agricultura. Además, en esta sociedad agrícola, tener acceso a la tierra significaba tener acceso a los alimentos que se podían cultivar. Si uno no quería morir de hambre, era mejor ser un *villein* que un campesino libre sin tierras.

La gente de la Inglaterra medieval

El feudalismo era la estructura social básica de la Inglaterra medieval, pero en la sociedad en general había algo más que los señores que poseían la tierra y los campesinos que la trabajaban. Había, en su forma más básica, cuatro tipos de personas: los campesinos (los trabajadores), los caballeros (los luchadores), los nobles (los administradores) y el clero (los orantes).

Los campesinos constituían con mucho la mayoría de la población. Aunque muchos de ellos trabajaban como *villeins* o arrendatarios en la finca de un señor, también había, aunque muy pocos, campesinos lo suficientemente ricos como para poseer sus propias tierras. Muchos de ellos tenían explotaciones demasiado pequeñas para alimentar a sus familias y también ofrecían su mano de obra a los señores cercanos o a vecinos más acomodados para obtener los ingresos necesarios. Incluso si poseía su propia tierra, si era campesino, había muchas probabilidades de que pasara parte de su tiempo trabajando la tierra de otro. Aun así, la agricultura no era la única ocupación. Aunque se trataba de una sociedad principalmente agrícola, no todo el mundo era agricultor. Había ciudades, lo que significaba que había artesanos y comerciantes. Estos trabajadores calificados estaban un poco más arriba en la cadena social que los campesinos que trabajaban la tierra, pero seguían formando parte de la mayoría trabajadora. Sucedía que su trabajo no era la agricultura.

Como probablemente pueda adivinar, estas eran las personas que mantenían Inglaterra en funcionamiento. Los campesinos eran los que cultivaban los alimentos y producían diversos bienes, y sus vidas giraban en torno al trabajo que desempeñaban. Los *villeins* y los campesinos rurales cultivaban durante toda su vida, y los artesanos se dedicaban plenamente a su oficio desde una edad temprana. Como esta era la inmensa mayoría de la población, su suerte en la vida podía variar mucho como campesino. Usted podía poseer tierras suficientes para alimentar cómodamente a su familia. Podía estar apenas sobreviviendo y morir de hambre durante un mal año. Podría ser un herrero con una pequeña tienda en un pueblo. Podría encontrarse a las órdenes de un señor que lo tratara horriblemente. Podría trabajar las tierras de un señor al que nunca vería. Había muchas posibilidades, pero dondequiera que estuviera, se pasaría toda la vida trabajando, y lo más probable es que lo hiciera para otra persona.

Además de necesitar mucha mano de obra, Inglaterra en la Edad Media también necesitaba luchadores. Ahí entra el símbolo de la época medieval: el caballero. Pero, ¿eran los caballeros realmente lo que nos imaginamos que son ahora? ¿Héroes que cabalgan con armaduras de placas, defienden damiselas, luchan en cruzadas y hablan de caballerosidad? En su mayor parte, no. En términos de posición social, los caballeros eran nobles menores que poseían tierras bajo los magnates más poderosos, como los barones. A cambio de las tierras, prestaban servicios militares a su señor y al rey.

Así pues, la mayoría de los caballeros eran los pequeños terratenientes de la época medieval. Sin embargo, ¡no se desilusione demasiado! Sí que lucharon mucho. Hubo la guerra de los Cien Años con Francia y varias cruzadas, que dieron a los caballeros muchas oportunidades de hacerse un nombre. ¿Pero en cuanto a simplemente cabalgar por el país haciendo hazañas caballerescas? Los caballeros no hacían eso, y durante los diversos conflictos internos que sufrió Inglaterra durante este periodo, los caballeros a menudo acabaron siendo los que aterrorizaban a la población local en lugar de protegerla.

Ahora hemos llegado a la cima de la jerarquía social: los nobles. Técnicamente, los caballeros también eran nobles porque poseían un título, pero nos estamos centrando en los grandes nobles: los barones, los condes e incluso el rey, los hombres que controlaban Inglaterra. Estos magnates controlaban enormes extensiones de tierra. Dividían estas tierras entre los nobles menores, como los caballeros, a los que podían dar órdenes. Dirigían el sistema judicial y supervisaban la protección del reino. Otorgaban cargos y daban tierras a las personas a sus órdenes. En otras palabras, eran los administradores que dirigían Inglaterra.

Basándose en la simple estructura piramidal, se podría pensar que el rey sería el más poderoso de estos hombres. Aunque Guillermo el Conquistador diseñó el sistema para que el rey ejerciera el mayor poder, no siempre fue así. La primera y la segunda guerras de los Barones fueron una prueba clara de que los magnates consideraban que debían y podían mantener al rey a raya. A finales de la Edad Media, el Parlamento podía negarse a conceder al rey fondos para la guerra, lo que suponía un importante freno al poder real. Aunque nominalmente el rey estaba en lo más alto de la jerarquía en la sociedad medieval, su capacidad para actuar como la cúspide era a menudo desafiada por los que estaban inmediatamente por debajo de él. El sistema feudal que Guillermo el Conquistador había creado a menudo no funcionaba en la práctica como lo hacía sobre el papel.

La última clase social en Inglaterra era el clero. El clero se situaba definitivamente en lo más alto de la jerarquía social, pero lo alto que estuviera dependía del cargo que ocupara. Los arzobispos de Canterbury y York, así como el obispo de Londres, se contaban a menudo entre los hombres más poderosos de la nación. Además de estos individuos, la Iglesia en su conjunto desempeñaba un papel importante en la sociedad inglesa. Los monasterios y los obispos controlaban frecuentemente la tierra y empleaban a campesinos para trabajarla, al igual que hacían los nobles. Los obispos de cualquier pueblo eran una parte importante de los procesos normales de la vida, desempeñando un papel en los nacimientos, las muertes, los bautizos y los matrimonios. Discutiremos el papel del clero más extensamente en los capítulos sobre la fe y la Iglesia, pero en este punto, baste decir que el clero era un grupo vital y poderoso en la composición social de Inglaterra.

Estructura cambiante

El sistema feudal era un sello distintivo del periodo medieval, pero en 1485, las cosas estaban evolucionando. La peste negra había matado a tanta gente que provocó una escasez masiva de mano de obra y, por primera vez, los campesinos podían exigir más por su trabajo. La Revuelta de los campesinos de 1381 es una prueba clara de un mundo que empezaba a cambiar, con la parte inferior de la jerarquía social presionando a la superior por primera vez. La época del Renacimiento vería crecer cada vez más la población urbana, y la estructura social que dependía tanto de los campesinos que cultivaban las tierras del señor desaparecería lentamente con el auge de las industrias y de la clase media.

Estos cambios llevaron mucho tiempo, y parte de la estructura social primitiva de Inglaterra sobrevivió. La monarquía seguiría siendo la cabeza efectiva del gobierno hasta finales del siglo XVIII. La nobleza sigue existiendo en Inglaterra hoy en día, aunque no ostenta el poder que tuvo en el pasado. Inglaterra ha pasado por muchas épocas de reformas, pero su jerarquía social sigue existiendo. Algunos aspectos de la época medieval han demostrado ser más duraderos que otros.

Capítulo 6: Situación de la mujer

Es probable que ya pueda adivinar que las mujeres de la Edad Media tenían menos derechos que sus homólogos masculinos. Después de todo, las mujeres ni siquiera obtuvieron la igualdad de derechos de voto en Inglaterra hasta 1928, por lo que no debería sorprendernos que, unos mil años antes de eso, hubiera cierto sexismo presente en el sistema inglés.

La mejor pregunta entonces es ¿qué forma adoptó esto? ¿No tenían las mujeres absolutamente ningún derecho en la Edad Media? ¿Cuál era su estatus ante la ley? ¿Qué opciones tenían las mujeres en el curso de su vida, si es que tenían alguna? Aunque es acertado decir que las mujeres tenían menos derechos en la Edad Media, a la mitad femenina de la población le ocurría algo más que eso durante estos ochocientos años de historia inglesa. A continuación le mostramos cómo era ser mujer en la Inglaterra medieval.

Eva contra María

Quizá la mejor manera de captar la visión un tanto paradójica de la mujer en este periodo sea fijarse en dos figuras religiosas: Eva y María. Estas dos mujeres de la Biblia ocupaban un lugar importante en la comprensión religiosa de la época, y eso se tradujo en la forma en que esta sociedad veía a las mujeres en general.

En el relato cristiano del pecado original, la serpiente tienta a Eva para que coma el fruto del árbol prohibido. Eva lo come y convence a Adán para que haga lo mismo, lo que provoca la expulsión de la pareja del paraíso y la caída general del hombre. La Iglesia medieval veía a Eva como la principal culpable de esta narración. Ella era la que había caído primero y arrastró a Adán con ella. Así, las mujeres no solo eran más propensas a pecar, sino que también eran tentadoras que arrastrarían a los hombres a pecar con ellas.

Sean cuales sean sus opiniones religiosas personales, debe recordar que en la época medieval, la Iglesia era una poderosa institución social. Esta visión de Eva tuvo un gran impacto en la forma en que la sociedad veía a las mujeres. Como las mujeres eran más propensas a pecar, se las relegaba a una posición inferior en la sociedad. Los hombres necesitaban tener autoridad sobre las mujeres porque no se podía confiar en ellas.

Esta concepción de Eva contribuye en gran medida a explicar cómo se justificaba el estatus inferior de la mujer en la Edad Media. Sin embargo, había algo más de complejidad en las actitudes medievales hacia las mujeres. Además de Eva, había otra figura femenina que era importante para la Iglesia medieval, y esta tenía una reputación mucho más positiva.

A medida que avanzaba la Edad Media, María, la madre de Cristo, fue adquiriendo cada vez más importancia para la Iglesia. Fue venerada como una de las santas más importantes. Eva había sido la fuente del pecado original, pero María era la fuente de la salvación desde que dio a luz a Jesucristo. Paradójicamente, las mujeres fueron a la vez responsables de la caída y de la redención de la humanidad.

Los dos personajes contrastados de Eva y María empujaron a las mujeres a dos extremos. Las mujeres eran o bien tentadoras, o bien santas. Por desgracia, el resultado de estos dos papeles opuestos fue que las mujeres no podían ganar en ninguno de los dos casos. Eran condenadas, ya fuera por ser moralmente débiles como Eva, o cuando no lograban estar a la altura de la perfección virginal que representaba María. Tanto los estándares extremadamente altos como los extremadamente bajos colocaron a las mujeres en una posición difícil, y significó que a lo largo de la Edad Media, las mujeres fueron constantemente vistas como inferiores.

El papel de la mujer en la sociedad

Aunque se consideraba a las mujeres como inferiores, esta suposición subyacente no se desarrolló en la sociedad medieval, como cabría esperar. Debido a las prácticas más recientes de los siglos XIX y XX, tendemos a pensar que el sexismo restringía a las mujeres al papel de amas de casa. El progreso se produjo cuando por fin se permitió a las mujeres incorporarse a la población activa y abandonar el hogar.

La idea de que las mujeres no debían trabajar no estaba tan extendida en la Edad Media. Como comentamos en el último capítulo, la mayoría de la población inglesa de la época era obrera, y las mujeres trabajaban tan duro como los hombres. Esposas e hijas trabajaban junto a sus maridos y padres en los campos. Incluso cuando las ciudades crecieron y más gente se dedicó a los oficios en lugar de a la agricultura, las mujeres siguieron ocupando una posición bastante igualitaria en el tipo de trabajo que realizaban. Las mujeres hacían los mismos trabajos que los hombres. La mano de obra no tenía la segregación por sexos que ahora vemos como una marca de desigualdad sexual.

Eso no quiere decir que no hubiera tareas que se encomendaran más a menudo a las mujeres. Las mujeres de todos los niveles de la sociedad eran responsables de atender sus hogares, y las imágenes de esta época suelen mostrar a una campesina con una rueca, que era una herramienta utilizada para hilar la lana. Sin embargo, aunque había tareas que solían recaer en las mujeres, no existía una restricción estricta sobre qué trabajo podían realizar las mujeres. Ganarse la vida y alimentar a su familia era duro, y se esperaba que las mujeres contribuyeran siempre que pudieran.

Las mujeres nobles también desempeñaban un papel más importante en la sociedad medieval de lo que se podría pensar en un principio. Eran responsables de sus hogares, al igual que las campesinas, y el mayor tamaño y el aspecto político de un hogar noble significaban a menudo que estos deberes eran bastante amplios. Las mujeres nobles podían ser testigos de documentos legales, supervisaban las propiedades en ausencia de sus maridos, actuaban como mecenas e incluso podían verse implicadas en guerras, sobre todo durante los conflictos internos de Inglaterra. Aunque legalmente tenían pocos derechos y se las calificaba oficialmente de inferiores, las mujeres seguían haciendo bastantes cosas en la sociedad medieval.

Matrimonio vs. convento

Aunque podían trabajar junto a los hombres, las mujeres seguían estando extremadamente limitadas en lo que podían hacer, y una forma de verlo es en el número de opciones que tenía una muchacha en la sociedad medieval. Básicamente había dos. Si nacía niña en la Edad Media, podía casarse y trabajar para su marido y su familia o convertirse en monja.

Empecemos por la segunda. ¿Qué significaba ser monja para una mujer en la Edad Media? En primer lugar, técnicamente había dos caminos religiosos que una mujer podía seguir: monja o anacoreta. Las monjas vivían en monasterios, mientras que las anacoretas vivían solas (algo así como ermitañas femeninas) o en pequeños grupos. Ambas implicaban una vida dedicada a fines religiosos y un voto de castidad.

Contrariamente a la creencia popular, ser monja no significaba necesariamente estar rodeada solo de mujeres durante toda la vida. Existían monasterios dobles que albergaban tanto a hombres como a mujeres. Estos monasterios dobles estaban dirigidos por una abadesa y eran, por tanto, uno de los solos lugares de la sociedad medieval en los que una mujer podía ocupar un cargo por encima de un hombre. Estos monasterios dobles a menudo desempeñaban un papel importante en la cultura y la política, por lo que las abadesas podían ejercer una gran influencia tanto dentro como fuera de sus monasterios, especialmente en la Alta Edad Media. A medida que avanzaba el periodo medieval, los monasterios dobles se hicieron menos comunes y la Iglesia trató cada vez más de aislar a las religiosas en aras de la pureza. Aun así, separar completamente a las monjas de los hombres nunca fue realmente posible. Los sacerdotes tenían que atender las necesidades espirituales de las monjas, estas tenían que realizar negocios con sus comunidades locales y los obreros y sirvientes tenían que entrar ocasionalmente en los conventos.

La vida de monja tampoco estaba realmente abierta a todo el mundo. Por lo general, las monjas procedían de familias con al menos cierta riqueza, ya que las niñas tenían que pagar dotes y, a menudo, traer algunos artículos necesarios, como ropa de cama, cuando entraban en un convento. Aunque esto era naturalmente exclusivo, estos pagos y otros regalos eran lo que permitía funcionar a los conventos. Así que, si su familia tenía suficiente dinero, una vida de devoción religiosa era la única alternativa al matrimonio que tenían las mujeres en esta época, y muchas elegían esta vida por el deseo de evitar el matrimonio.

La gran mayoría de las mujeres, sin embargo, se decantaron por la primera opción: el matrimonio. Como ya habrá adivinado, el matrimonio en esta época no se basaba en las coincidencias amorosas. Las mujeres rara vez podían elegir a sus parejas (para ser justos, los hombres tampoco tenían mucho que decir). Los matrimonios eran concertados por los padres, otros parientes o incluso los señores, y eran una transacción comercial tanto como un acuerdo personal. Las mujeres de este periodo podían poseer tierras, lo que significaba que el matrimonio estaba a menudo profundamente impregnado de preocupaciones sobre la propiedad. Cuando una mujer se casaba, su identidad legal pasaba a formar parte de la de su marido, por lo que cualquier tierra que tuviera pertenecería a su marido. Incluso los de las clases más bajas, donde había poca preocupación por la propiedad, no podían casarse libremente. Los arrendatarios necesitaban la aprobación de su señor para casarse. Casi cualquier matrimonio en la época medieval tenía que ser aprobado por personas ajenas a la pareja implicada. No fue hasta el siglo XII y las reformas encabezadas por la Iglesia que se empezó a hacer hincapié en el consentimiento de la pareja.

¿Qué significaba el matrimonio para una mujer? Las mujeres debían obedecer a sus maridos. El trabajo que realizaban y el papel que desempeñaban estaban determinados por sus maridos. Este papel servil y el hecho de que los matrimonios fueran concertados nos hacen suponer a menudo que muchos matrimonios eran infelices en el mejor de los casos y abusivos en el peor, pero a menudo no era así. Aunque solo fuera por razones prácticas, un marido y una mujer se beneficiaban enormemente de formar una pareja de trabajo. Intentar sobrevivir por su cuenta era muy difícil en esta época, por lo que era preferible una relación de confianza y dependencia mutuas. Eso no quiere decir que no se produjeran abusos de este sistema porque el propio sistema hacía poco por proteger a las mujeres, pero también sería un error pensar que todas las mujeres casadas eran desgraciadas. El matrimonio era un hecho de la vida para prácticamente todo el mundo, y la mayoría de la gente probablemente eligió aprovecharlo al máximo.

Hasta que la muerte nos separe

Siendo el matrimonio o la devoción religiosa la única opción para las mujeres, había un grupo que naturalmente no encajaba bien en este sistema: las viudas. Las viudas ocupaban una posición peculiar en la sociedad medieval. Antes de casarse, una mujer estaba bajo el control de su padre. Después de casarse, estaba bajo su marido, pero como viuda, estaba en su propio poder. Las viudas tenían el estatus legal de *femme sole*. *En* lugar de estar integrada en la identidad legal de un hombre, una *femme sole* era una mujer con su propia identidad legal. Podía poseer tierras, dirigir un negocio y tomar sus propias decisiones.

Eso no significaba que ser viuda fuera el deseo secreto de toda mujer, pues la posición tenía muchas complicaciones. A la muerte de su marido, una nueva viuda tendría que asegurarse su dote —su parte de la herencia de su marido, normalmente acordada en el momento del matrimonio— y también hacer arreglos para la tutela de sus hijos. Si había alguna complicación, los procesos para resolver estos aspectos podían llegar a ser largos y complicados. Sin embargo, durante gran parte del periodo medieval, una viuda solía mantener el control de una parte significativa de las tierras o negocios de su marido.

Incluso después de resolver estos asuntos, las viudas se enfrentaban a la inminente perspectiva de volver a casarse. Como *femme sole*, una viuda tenía derecho a elegir a su próximo marido, pero sin duda existía la presión de la familia y, en algunos casos, del propio rey en función de las propiedades y títulos que poseyera una viuda. A veces, las viudas se veían obligadas a casarse de nuevo. Los reyes utilizaban los matrimonios con viudas como una forma de otorgar tierras y títulos a sus favoritos. Irónicamente, si una mujer era rica y no necesitaba volver a casarse para asegurarse económicamente, probablemente se vería presionada a volver a casarse. Si una mujer era pobre y tenía muchos hijos, así que necesitaba volver a casarse por seguridad, a menudo le resultaría más difícil encontrar pareja. Si una mujer optaba por no volver a casarse, podía gestionar sus propios bienes y finanzas. Quizá por esta razón muchas mujeres permanecieron viudas durante la mayor parte de su vida.

Los derechos de las viudas fueron disminuyendo con el tiempo, a medida que las nuevas leyes y costumbres hacían que la herencia recayera cada vez más a menudo únicamente en los herederos varones. En la época victoriana, las viudas ocupaban una posición social inferior a la que tenían en la Edad Media.

Mujeres poderosas de la Edad Media

Debido a que las mujeres eran consideradas inferiores, rara vez ostentaban un poder político real, pero, aun así, la historia también tiende a pasar por alto el papel que algunas mujeres desempeñaron en la configuración de la Edad Media. Veamos a algunas de las mujeres que dejaron huella en la Inglaterra medieval:

- **Santa Hilda de Whitby:** Santa Hilda, también llamada Hilda, fue la fundadora y abadesa de Whitby, un monasterio doble con hombres y mujeres. Hilda era famosa por la forma ordenada en que dirigía el monasterio. Bajo su liderazgo, Whitby produjo varios obispos e incluso un famoso poeta. Era muy respetada y tenía una influencia considerable, como demuestra el hecho de que Whitby acogiera el sínodo de Whitby, una importante conferencia de la Iglesia primitiva, en 664.

- **Ethelfleda:** Ethelfleda era la hija de Alfredo el Grande, rey de Wessex y más tarde rey de los anglosajones. Se casó con el rey de Mercia cuando tenía dieciséis años, y mientras su marido luchaba contra su mala salud, ella lideró a los mercios en sus esfuerzos por hacer retroceder a los vikingos. Cuando su marido murió en 911, Ethelfleda se convirtió en la señora de los mercios. Gobernó Mercia en solitario durante siete años, durante los cuales se alió con su hermano, el rey de los anglosajones, para seguir expulsando a los vikingos de Inglaterra hasta que murió en 918.

- **Emperatriz Matilde:** Hija de Enrique I, Matilde luchó contra su primo Esteban de Blois por el trono inglés durante dieciocho años, provocando la guerra civil inglesa conocida como la Anarquía. Aunque nunca logró desbancar a su primo, Matilde controló grandes zonas de Inglaterra durante la Anarquía, y finalmente se marchó, más por un estancamiento que por una derrota.

- **Leonor de Aquitania:** Leonor no solo fue una mujer poderosa en Inglaterra; fue quizá la mujer más poderosa de la Europa del siglo XII. Estuvo casada con el rey de Francia durante quince años y, tras la anulación de ese matrimonio, se casó con Enrique Plantagenet, quien se convirtió en Enrique II de Inglaterra. Como reina de Inglaterra, Leonor desempeñó un importante papel en la política. Ayudó a sus hijos en sus rebeliones contra su padre, y cuando su hijo Ricardo se convirtió en rey, ella fue una de las principales encargadas de dirigir Inglaterra mientras el rey estaba fuera en su cruzada. Tras la muerte de Ricardo, continuó ayudando a su siguiente hijo, Juan, como rey, desempeñando un papel en varias victorias militares inglesas en el continente. Leonor de Aquitania fue esposa de dos reyes, madre de otros dos, y ejerció una influencia y un poder significativos con todos ellos.

- **Isabel de Francia:** La reina Isabel estaba casada con el rey Eduardo II y se ganó el apodo de la Loba de Francia por el trato que daba a su marido. En 1326, unió fuerzas con su amante,

Roger Mortimer, contra su marido y ayudó a derrocar a Eduardo II en 1327. Isabel y Roger Mortimer gobernaron efectivamente Inglaterra durante los tres años siguientes, hasta que su hijo Eduardo III mandó matar a Mortimer. Finalmente, Isabel se retiró a un convento.

- **Margarita de Anjou:** Margarita de Anjou estaba casada con Enrique VI y fue una de las líderes de las fuerzas lancasterianas en las guerras de las Dos Rosas. Siendo Enrique VI un rey bastante débil en el mejor de los casos, Margarita fue la principal impulsora de los intereses reales durante el conflicto. Intentó implacablemente asegurar la realeza para su hijo, pero finalmente fue derrotada por Eduardo IV en la batalla de Tewkesbury.

Estas mujeres son claros ejemplos de que los hombres no eran los únicos implicados en las sangrientas luchas de poder de la Edad Media. Las reinas no siempre seguían a sus reyes. Aun así, aunque estas mujeres ejercían una gran influencia, estaban vinculadas a ella a través de los hombres de sus vidas. Las mujeres de la Edad Media trabajaban junto a los hombres, pero seguían siendo inferiores tanto a los ojos de la sociedad como de la ley.

Capítulo 7: Comida, ropa, trabajo y ocio

Aprender sobre el periodo medieval a través de grandes acontecimientos como las guerras es fascinante, pero nos deja bastante poco claro cómo era en realidad la vida cotidiana en la Edad Media. ¿Qué comían? ¿Cómo vestían? ¿Qué fiestas celebraban? ¿Qué había que hacer en la Inglaterra medieval?

Con unos ochocientos años de historia por cubrir, no podemos pretender abordar todo sobre la vida cotidiana en la Edad Media. ¡Eso nos llevaría todo un libro por sí solo! Sin embargo, examinaremos algunos de los datos más interesantes sobre la alimentación, la vestimenta, el trabajo y el ocio en la Inglaterra medieval.

Alimentación

La comida es tanto algo que todos necesitamos como algo que puede marcar nuestras diferencias. La comida no solo es un indicador de nuestra cultura, sino que también puede serlo de nuestra clase social, y en la Inglaterra medieval esto era especialmente cierto. La mesa de un lord y la de un campesino tenían un aspecto muy diferente.

Quizá la diferencia más notable era la carne. Mientras que los señores comían carne en casi todas las comidas, la carne era un lujo para los campesinos. Aunque había bosques con ciervos, conejos y otros animales para cazar, así como ríos y otras masas de agua con peces, a los campesinos no se les permitía acceder a esta fuente de alimentos. La caza era para los nobles. Si un campesino era sorprendido cazando en el bosque del señor o pescando en el estanque del señor, probablemente perdería una mano. Ese era un precio demasiado alto por una guarnición de carne para acompañar la cena.

El ganado tampoco era la fuente abundante de carne que podría pensarse. Mantener a los animales era caro, y una vaca valía mucho más como productora de leche que de carne. Además, el queso y otros productos lácteos constituían una gran parte de la dieta campesina, por lo que las vacas eran más valoradas como animales lecheros que como fuentes de carne. El único animal que los campesinos criaban regularmente para carne eran los cerdos. Los cerdos tenían pocos problemas para cuidar de sí mismos. Podían encontrar suficiente comida para mantenerse con vida con su forrajeo, por lo que eran una fuente de alimento que no drenaba más recursos de los que valían. Así pues, el cerdo era la carne preferida de muchos campesinos, pero no podían disfrutar de ella a menudo. Los que vivían lo suficientemente cerca del mar también podían añadir más pescado a su dieta.

La frescura de la carne era otro marcador de la clase social. Como los señores tenían acceso regular a ella, disfrutaban con frecuencia de caza y pescado frescos. En cambio, casi todo lo que comían los campesinos era en conserva. La carne que comían era típicamente salada o en escabeche.

Había otras diferencias en lo que comían los pobres y los ricos. Aunque el pan era un alimento básico para todos, el tipo de pan que se comía dependía de la riqueza de cada uno. El pan blanco se elaboraba con trigo, que era mucho más difícil de cultivar y, por tanto, solo lo solían disfrutar las clases altas. La mayoría de la gente comía pan más oscuro, hecho de centeno y cebada. Cuando las cosechas eran malas, los campesinos también tenían que añadir otros ingredientes para hacer su pan, como bellotas.

Además del pan, otro alimento que casi todo el mundo comía en la Inglaterra medieval era el *pottage*. El *pottage* es un guiso espeso que puede contener una gran variedad de ingredientes diferentes, desde carne hasta verduras y cereales. Al igual que el pan, la calidad de los ingredientes de un *pottage* variaba según las clases.

Podría estar pensando que con todo este pan y *pottage*, lo normal era que la gente bebiera agua, pero no era así. Aunque las fuentes de agua dulce eran bastante abundantes, esa agua también estaba muy sucia. Beber agua del río local podía enfermarle fácilmente. Si bien había leche para beber si se tenía una vaca, la bebida elegida por la mayoría de la gente era la cerveza. Los señores también habrían tenido acceso al vino.

Así pues, si usted hubiera sido campesino en la Edad Media, probablemente habría comido pan, queso y cualquier verdura que hubiera podido cultivar. Si llegaba a comer carne, probablemente era de cerdo o tal vez de cordero, y probablemente bebía cerveza que usted mismo fabricaba. Los señores tenían acceso a carne y pescado frescos y a pan, cerveza e incluso vino de mayor calidad. Los ricos también disfrutaban de acceso a diversas especias y frutos secos importados. Sin embargo, era en un banquete donde las clases altas mostraban realmente lo que significaba su riqueza en términos de comida. Un banquete medieval incluía platos normales como estofados y empanadas, junto a platos exóticos como el pavo real y la marsopa. También había enormes esculturas hechas de azúcar. Estos banquetes eran extravagantes y mostraban a lo que tenían acceso las clases altas en la Edad Media, pero incluso cuando no celebraban un banquete, las comidas de los ricos podían tener diez platos. Si uno era pobre o incluso simplemente mediocre, tenía que depender sobre todo de los alimentos que cultivaba y conservaba uno mismo, pero si era rico, su comida sería fresca, cubierta de especias importadas y a veces incluso esculpida.

Ropa

Las diferencias en lo que la gente comía eran un claro marcador de clase social, pero ¿qué hay de lo que vestían? Incluso hoy en día, la elección de la ropa puede decirnos mucho sobre la personalidad de alguien y su lugar en la sociedad.

Sorprendentemente, el estilo de vestir de nobles y campesinos en la Inglaterra medieval no difería drásticamente. Todos vestían los mismos estilos y diseños básicos. Lo que diferenciaba la indumentaria de los nobles no era el tipo de ropa, sino los materiales utilizados y el corte. Mientras que la ropa de los campesinos solía estar hecha de lana, de la que Inglaterra tenía abundancia, los nobles también podían tener trajes de seda. La ropa de los nobles también podía tener pieles y costosos elementos decorativos como perlas y gemas. En cuanto al corte, la ropa de los nobles tendía a estar mejor confeccionada en general, con un corte más fino y ajustado. En la época medieval, era probable que la gente pudiera distinguir fácilmente entre la ropa de un noble y la de un campesino, del mismo modo que hoy podemos diferenciar entre las zapatillas de correr de un hombre y las de una mujer, aunque sus diseños básicos sean los mismos. La ropa seguía siendo un signo de clase social, pero la moda no difería tanto entre las distintas sociedades como podría pensarse.

Aún más sorprendente que las similitudes en la vestimenta entre campesinos y nobles eran las similitudes entre hombres y mujeres. Aunque había diferencias de estilo entre los sexos, hombres y mujeres vestían las mismas prendas básicas. Todavía se notaba la diferencia, pero estamos muy lejos de la dinámica de los hombres con pantalones y las mujeres con vestidos que llegó a dominar la moda durante tanto tiempo.

Entonces, ¿qué vestía todo el mundo? La principal prenda medieval era la túnica. Las túnicas eran básicamente camisas largas, a menudo recogidas en la cintura con un cinturón. Solían ser de un solo color y tenían mangas largas. Las túnicas de los hombres solían llegar hasta la rodilla, por lo que llevaban medias o polainas debajo. Las túnicas de las mujeres llegaban hasta el tobillo. El estilo exacto de las túnicas evolucionó a lo largo del periodo medieval. Las túnicas comenzaron siendo prendas holgadas, pero con el tiempo se volvieron mucho más ceñidas. El estilo de las mangas también varió durante el periodo, desde mangas ceñidas a mangas con puños largos, mangas que quedaban sueltas alrededor de la parte superior del brazo y luego se ceñían, y más. Las túnicas masculinas también se hicieron progresivamente más cortas a lo largo de la Edad Media.

Sin embargo, la ropa medieval se basaba en capas. La gente solía llevar una camisa de lino bajo la túnica, o podían llevar dos túnicas a la vez, actuando una de ellas como prenda interior. Cuando estaban al aire libre, que era una buena parte del tiempo para la mayoría de la gente, se añadía al atuendo una capa o abrigo. Las capas eran simples trozos de tela con forma que se sujetaban al hombro con un broche o una cadena. Podían incluso anudarse. Al igual que las capas, los abrigos eran largos y llegaban bastante más allá de las rodillas de la persona.

Además de las túnicas, otra prenda del atuendo medieval que todo el mundo llevaba eran los sombreros. En la Inglaterra medieval no se paseaba con la cabeza descubierta. Incluso en interiores, tanto hombres como mujeres llevaban sombrero. El tocado básico para las mujeres se llamaba griñón. Era un gran trozo de tela, normalmente blanca, que se envolvía sobre la cabeza y bajo la barbilla, cubriendo el pelo y el cuello. También se podía añadir al griñón un velo o un sombrero, sobre todo cuando se salía. Los hombres llevaban gorros de lino ceñidos llamados cofias como cubrecabezas de interior. Al igual que las mujeres, llevaban sombreros adicionales sobre esta pieza cuando salían o se vestían de gala.

Retrato de mujer de Robert Campin (muestra a una mujer medieval con griñón)[10]

Hablando de vestimenta, ¿hasta qué punto era elegante la indumentaria medieval? ¿Agregaban decoraciones y adornos a sus atuendos? Al igual que nosotros en la actualidad, los medievales encontraban formas de hacer más emocionantes sus ropas básicas, pero en general, mantenían las cosas bastante sencillas. Se podían utilizar bordados para decorar una túnica, pero normalmente se limitaban a la zona alrededor de los puños, el escote y quizá el dobladillo. Habría sido muy raro ver una túnica cubierta de bordados desde el cuello hasta el dobladillo. La piel también podía utilizarse como adorno tanto para abrigar como para decorar. Sin embargo, ¡eso no significaba que sus túnicas fueran aburridas! Los colores vivos, como el azul, el rojo, el verde y el amarillo, eran habituales, y se añadían elementos como flecos, borlas e incluso plumas para dar decoración. Cinturones, broches, cadenas y sombreros eran también lugares donde una persona podía añadir piedras o metales preciosos a su atuendo, añadiendo estilo y, lo que es más importante, exhibiendo su riqueza.

Aunque la vestimenta no difería mucho entre las clases sociales, seguía considerándose una forma muy importante de demostrar el rango. Existían leyes que restringían quién podía vestir qué tipo de materiales, e incluso había limitaciones en las importaciones de materiales nobles, como la seda, para limitar el número de personas que tenían acceso a ellos. Las clases altas tomaron medidas para asegurarse de que un campesino no pudiera elevarse por encima de su posición con su vestimenta. Las clases sociales estaban estrictamente divididas y no había forma de que alguien pretendiera estar más arriba en la escala de lo que realmente estaba.

Trabajo

Ahora que tenemos una idea más clara de lo que comía y vestía la gente, ¿qué hacían? En la Inglaterra medieval, la mayoría de la gente pasaba la mayor parte del tiempo trabajando.

Había dos tipos generales de trabajos que podía tener un campesino: agricultor o artesano. La mayoría de la gente era campesina, y la mayoría de estos campesinos vivían como arrendatarios en tierras propiedad de un señor. Eran responsables no solo de cultivar sus propios alimentos, sino también los del señor. Algunos de los granjeros más acomodados poseían sus propias tierras, y uno podía alquilarse como jornalero para ganar un extra cuando los tiempos eran difíciles.

Ser artesano era la otra opción para un campesino, aunque estaban un poco más arriba en la escala social que los agricultores. Los artesanos vivían en pueblos o ciudades y producían determinados bienes. Ejemplos de artesanos serían un cantero, un herrero, un panadero, un carpintero, un molinero y un orfebre. Los artesanos dependían de las clases altas de la sociedad, ya que eran ellas las que podían comprar lo que fabricaban los artesanos. Los artesanos también solían agruparse en gremios. Los gremios controlaban la entrada en el oficio, lo que les permitía controlar la oferta de mano de obra y los precios. Se necesitaba un largo periodo de estudio bajo la tutela de un maestro antes de que alguien pudiera aspirar a ganarse la aprobación del gremio y entrar en el oficio por derecho propio.

Cuando se trataba de saber exactamente a qué tipo de trabajo se iba a parar en la Inglaterra medieval, no había mucho donde elegir. Si usted era un hombre, lo más probable era que acabara con el trabajo con el que había nacido (si su padre era granjero, probablemente usted iba a ser granjero), y si era una mujer, ayudaba a su marido. En las clases campesinas no existía una intensa división del trabajo por sexos, por lo que las mujeres trabajaban en el campo junto a sus maridos e incluso ayudaban a dirigir los negocios de estos en la ciudad.

¿Y si no fuera un campesino? ¿Acaso los nobles no se pasaban el día sentados? Aunque ciertamente los nobles no trabajaban tanto como los campesinos, sí tenían un papel que desempeñar en la sociedad. Los señores constituían el sector organizativo. Sus haciendas producían excedentes, sus tribunales se ocupaban de los asuntos legales y sus hombres defendían el reino cuando era necesario. Es probable que el propio señor no hiciera todo esto, pero su mayordomo y demás personal supervisaban las tareas burocráticas y administrativas necesarias para mantener Inglaterra en funcionamiento en su conjunto.

Así pues, en lo que respecta al trabajo en la Inglaterra medieval, la conclusión es que todo el mundo tenía un trabajo que hacer. De hecho, ¡era ilegal estar sin trabajo! En una sociedad en la que la mayoría de las cosas, desde cultivar alimentos hasta hacer mesas y llevar las cuentas, entre otras, se hacían a mano, todo el mundo tenía que trabajar para garantizar que la sociedad pudiera mantener las necesidades de la vida. Este era un mundo en el que no tener un trabajo y un papel significaba morir de hambre.

Entretenimiento

Toda esa charla sobre la necesidad del trabajo está haciendo que la vida medieval parezca bastante sombría y dura. ¿Se divertían alguna vez? Obviamente, las clases nobles tenían mucho tiempo libre para entretenerse, pero empecemos por los campesinos. Si usted fuera un campesino en la Inglaterra medieval, ¿tendría alguna vez un día libre o tiempo para entretenerse?

En la Edad Media no había vacaciones y la mayoría de la gente no viajaba nunca. Sin embargo, sí celebraban con frecuencia días festivos, a los que habrían llamado días de fiesta. Los días de fiesta en la Inglaterra medieval tenían con frecuencia orígenes paganos, pero estaban ligados a la Iglesia católica. Además de las que la mayoría de nosotros todavía celebramos, como Pascua, Navidad y San Valentín, había bastantes más, como el día de San Crispín, San Miguel, Todos los Santos, la Candelaria, San Juan y unas cuarenta o sesenta más. Sí, ha leído bien. Había hasta sesenta días santos (de ahí viene la palabra inglesa «holiday», que significa «día santo», es decir festivo) en un año.

Aunque muchos de estos días festivos eran más significativos que otros, la Iglesia insistía en que la gente se abstuviera de trabajar en estos días sagrados. Cada día tenía sus propias tradiciones, como el intercambio de regalos, y también podía haber obras de teatro y juegos para celebrarlo. Además de los numerosos días festivos, la gente también tenía libres los domingos por la misma razón. Así pues, aunque el trabajo era crucial, los campesinos de la Inglaterra medieval no trabajaban los 365 días del año.

Los campesinos también encontraron formas de entretenerse que no estaban ligadas a los días de fiesta. Los artistas ambulantes, llamados trovadores, eran populares, sobre todo por la música que ofrecían. Contar historias, cantar y bailar eran formas de pasar el tiempo. A menudo podemos imaginarnos la Edad Media como sombría, pero la gente, como todo el mundo, sabía cómo divertirse.

Por supuesto, si usted resultaba ser rico, tenía más oportunidades de pasarlo bien. ¿Qué hacían los nobles para entretenerse? Había una gran variedad de opciones. Al igual que los campesinos, los nobles celebraban las fiestas y también disfrutaban de la actuación de un buen animador, aunque los que entretenían a los nobles solían ocupar puestos permanentes en un castillo. Los juglares proporcionaban música y los bufones eran los primeros comediantes. Estos solían actuar durante o después de las comidas, que para los nobles podían ser en sí mismas una forma de entretenimiento con su extenso número de platos y extravagantes manjares. Los bailes también podían seguir a las comidas.

Cuando no estaban comiendo, a los nobles les gustaba hacer un poco de ejercicio. Había muchas actividades populares al aire libre, como la caza, la cetrería y los torneos. La caza en esta época era todo un acontecimiento. Los bosques estaban ferozmente protegidos, y si un noble carecía de uno propio, podía pagar para cazar en las tierras de otro. Como ya hemos mencionado, el precio era alto para los campesinos que cazaban en el bosque de un noble. La cetrería era inmensamente popular en este periodo, e incluso las mujeres participaban en este deporte. Los torneos eran oportunidades para que los caballeros demostraran su valor e incluían justas y el cuerpo a cuerpo (un simulacro de batalla de caballería).

¿Qué hacían los nobles si llovía entonces? La lluvia no es poco frecuente en Inglaterra, pero había varias formas de pasar el tiempo. Los juegos de Oriente habían llegado a Inglaterra en esta época. El ajedrez era quizá el más popular, pero el *backgammon* y los dados también eran muy apreciados. El juego era frecuente, pero no tenía la reputación negativa que tiene hoy.

Caballeros templarios jugando al ajedrez[11]

En general, había más cosas que hacer en la Edad Media de lo que podría pensar. Puede que no tuvieran nuestras modernas opciones de entretenimiento como la televisión, pero encontraban muchas formas de entretenerse con deportes, juegos, música y mucho más.

En la vida medieval, la división entre los nobles y los campesinos se manifestaba en casi todos los aspectos de la vida cotidiana, desde la comida hasta la ropa y desde el trabajo hasta el entretenimiento. Aunque esta división era tajante, aún podemos ver una cultura unificada en los muchos aspectos compartidos de la vida cotidiana, como los estilos de vestimenta similares, los días de fiesta, el pan y mucho más.

Capítulo 8: Arte y arquitectura

Cuando hablamos del periodo medieval, la mayor parte de nuestra atención se centra en los caballeros a caballo, los castillos y los reyes, pero la sociedad medieval, al igual que la moderna, tenía muchos aspectos. Puede que fuera una época más violenta en general, pero la Edad Media encontró tiempo para hacer una contribución bastante importante al mundo del arte inglés.

Hoy en día es bastante difícil ganarse la vida como artista, así que ¿cómo habría sido posible en la Edad Media? No solo no se pueden vender discos de su última balada o ejemplares de su libro más reciente para llegar a fin de mes, sino que también era increíblemente difícil hacer del arte un trabajo secundario serio. Los campesinos estaban demasiado ocupados con la cantidad de trabajo necesaria para simplemente sobrevivir como para estar componiendo grandes epopeyas en su tiempo libre, y, sin embargo, de algún modo, el arte seguía existiendo en la Edad Media. ¿Cómo?

Hay algunas cosas que debe saber sobre el arte en la época medieval para entender cómo fue posible. Quizá la más importante sea que el arte tendía a tener una finalidad práctica. Los anglosajones hacían muchas cosas bellas, pero esas cosas también solían ser funcionales. En lugar de utilizar sus habilidades escultóricas para tallar una estatua, un anglosajón probablemente las emplearía para decorar una hebilla, un escudo o un broche. Incluso su función como símbolos de estatus era práctica, ya que ayudaba a las familias a posicionarse dentro de la jerarquía social. A medida que avanzamos en la Edad Media, los objetos artísticos se vuelven menos obviamente funcionales, pero a menudo siguen teniendo una finalidad práctica. Por ejemplo, gran parte de la habilidad artística se dedicó a la fabricación de objetos religiosos. La arquitectura más grandiosa de la época se muestra en las iglesias, que eran edificios que servían como centros de la vida local y cuya finalidad hacía apropiados diseños más elaborados. Incluso un artículo como el tapiz de Bayeux tenía una función política, ya que permitía a los normandos inmortalizar su versión de los acontecimientos que rodearon la conquista normanda. En definitiva, el arte en este periodo rara vez existía por amor al arte. Ya fuera religioso, político o puramente práctico, el arte se mezclaba con muchos otros aspectos de la vida medieval. Fue gracias a estas otras funciones que el arte pudo florecer tanto como lo hizo durante la Edad Media.

Otras dos cosas en la vida medieval hicieron posible el arte: los monasterios y los mecenas. Los monasterios eran uno de los únicos lugares donde una persona podía dedicarse a algo que no fuera el trabajo manual. Esto no significaba que todos los monjes o monjas fueran poetas, sino que los poetas e historiadores que existían, especialmente en la Inglaterra altomedieval, a menudo debían sus carreras al apoyo de un monasterio. A medida que avanzaba la Edad Media y los monasterios se hacían menos comunes y desempeñaban un papel menos vital en la vida medieval, el mecenazgo se convirtió en otra vía a través de la cual un artista podía encontrar apoyo. Los mecenas eran benefactores ricos, a menudo aristócratas o clérigos, que daban apoyo monetario y de otro tipo a un artista. Dicho apoyo era la única manera de que un artista pudiera proseguir con su trabajo y además no morir de hambre. El sistema de mecenazgo para apoyar las artes adquirió cada vez más importancia durante el Renacimiento y la época victoriana, pero tuvo sus inicios en la época medieval.

Así pues, los artistas de la Edad Media no eran creadores solitarios que trataban de convencer al mundo de su genialidad. Tenían que contar con apoyo externo, y su trabajo a menudo servía a varios papeles diferentes en la sociedad. Veamos más de cerca varios tipos de arte en la Edad Media.

Literatura

En una época con un elevado analfabetismo y poco tiempo libre, la palabra escrita no tenía la misma centralidad que ahora, y lo que existía difería mucho de lo que ahora pensamos cuando oímos la palabra literatura.

Quizá la mayor diferencia entre la literatura de la época medieval y la actual sea la inexistencia de la novela. Las primeras novelas inglesas no aparecieron hasta el siglo XVIII. En la Edad Media, la poesía era mucho más popular que la prosa. Aunque la prosa empezaba a abrirse paso a finales de la Edad Media, pasarían otros cientos de años antes de que apareciera por primera vez la novela.

¿Por qué la poesía era mucho más popular? Recuerde que la mayoría de la población era analfabeta. Los libros y las historias no se escribían para ser leídos en privado, sino para ser representados y leídos en público. La primera forma de literatura inglesa fueron los relatos orales, como *Beowulf*, que solo se escribieron posteriormente. La cadencia de la poesía tiene dos grandes ventajas en un escenario así. Suena mejor y el ritmo facilita su memorización.

Pero, ¿de qué trataba toda esta poesía? Puede que toda ella fuera en verso, pero había varios géneros diferentes. Epopeyas como *Beowulf* contaban historias de héroes que se enfrentaban a monstruos. Piezas como la *Batalla de Maldon* se inspiraban en hechos reales, en este caso, convirtiendo una derrota militar en algo heroico. Los romances medievales contenían relatos de caballeros, caballería, magia, damiselas en apuros y amor. El género de la visión onírica, como el *Libro de la duquesa* de Chaucer, tenía al narrador relatando un sueño que le ayudaba a afrontar un acontecimiento difícil, como la muerte de un ser querido. También había cuentos sencillos, como *Los cuentos de Canterbury* de Chaucer, la mayoría escritos en verso y unos pocos en prosa. Las fábulas contaban historias morales de animales antropomórficos. Puede que la Inglaterra medieval no tuviera novelas, pero la gente disponía de bastante variedad en sus relatos.

El teatro también existía en esta época, aunque no se parecía en nada a lo que Shakespeare escribiría en la época isabelina. Había tres tipos, y todos eran religiosos. Las obras de misterio representaban acontecimientos importantes de la Biblia, como la creación. Las obras de milagros se centraban en la vida de santos, tanto reales como ficticios. Las obras de moralidad eran obras alegóricas diseñadas para enseñar una lección de vida en particular. Los personajes de las obras de moralidad eran personificaciones de conceptos abstractos como la muerte y la caridad. En conjunto, todos estos tipos de obras estaban diseñadas para instruir a la población sobre una vida piadosa adecuada.

También existía la no ficción, que constituía una gran parte de la literatura medieval. Algunas de las obras de no ficción que han sobrevivido se han convertido en recursos extremadamente importantes para lo que sabemos sobre la Edad Media. Los historiadores siguen citando y utilizando libros como el *Domesday Book*, la *Crónica anglosajona* y la *Historia eclesiástica del pueblo inglés*. Sin embargo, estas obras históricas también pueden ser bastante frustrantes porque a veces parecen valorar más contar una buena historia que ser precisas. Los mitos se utilizaban a menudo para rellenar las lagunas de un relato histórico, mezclando realidad y ficción de un modo que incomodaría bastante a la mayoría de los escritores actuales. Por ejemplo, *La historia de los reyes de Bretaña*, de Geoffrey de Monmouth, que contiene la leyenda artúrica, está escrita como si fuera historia, aunque en su mayor parte es imaginaria.

Mucho más prominentes que los escritos históricos eran las obras religiosas. La mayoría de las personas que podían escribir eran monjes o clérigos, por lo que la teología era un tema muy popular. Por ejemplo, Anselmo, que fue arzobispo de Canterbury de 1093 a 1109, escribió más de una docena de libros sobre teología. Además de los tratados, que eran obras filosóficas que examinaban y desarrollaban la teología, también se escribieron obras sobre la vida de los santos y una gran variedad de himnos.

En general, había mucha variedad en la literatura de la Inglaterra medieval. Había romances, fábulas, epopeyas, historias, alegorías, filosofía y mucho más. Sin embargo, por mucha variedad que hubiera, la inmensa mayoría de los escritos producidos eran religiosos de algún modo. Aunque esto pueda parecernos extraño, debemos recordar que pocas personas en la Edad Media eran cultas, y la mayoría de los que eran cultos habían recibido esa educación de la Iglesia. La cantidad de obras religiosas, por tanto, tiene sentido. Cuando la mayoría de los escritores son monjes o clérigos, es solo natural que la mayor parte de lo que escriben tenga una inclinación religiosa.

Arquitectura

Hablando de la Iglesia, la arquitectura medieval en los edificios eclesiásticos es uno de los lugares donde se muestra toda la capacidad artística de la Inglaterra medieval. La arquitectura medieval puede evocar imágenes de tejados de paja y castillos de bloques de piedra, pero los edificios de este periodo podían ser realmente magníficos. Inglaterra vio la influencia de varios estilos arquitectónicos diferentes durante la Edad

Media y también consiguió desarrollar algunos estilos exclusivamente ingleses. La evolución de la arquitectura puede rastrearse más fácilmente en las iglesias del periodo medieval, que fue donde más se utilizaron técnicas y diseños elaborados.

El estilo arquitectónico dominante de la Edad Media fue el estilo normando. El estilo normando era un tipo de arquitectura románica que se desarrolló en las zonas controladas por los normandos. La característica clave de la arquitectura normanda y románica es el arco de medio punto. Dichos arcos se utilizaban en ventanas y puertas y también para unir columnas. Las columnas, o pilares cilíndricos, eran otra característica común de la arquitectura normanda. El estilo normando creaba enormes espacios amplios llenos de pilares y gradas de arcos de medio punto.

El estilo normando, centrado en pilares y arcos, dejaba mucho espacio para la decoración. Estos grandes espacios solían disponer de mucho espacio en las paredes, que a menudo se decoraban con murales. Incluso los propios pilares y arcos se pintaban a veces, lo que añadía un toque colorido y ornamentado al estilo. Por desgracia, la pintura no suele durar tanto como la piedra, por lo que tenemos muy pocos ejemplos supervivientes de arquitectura normanda que estuviera decorada de esta forma. Tenemos mucho más de otro tipo de embellecimiento que despegó alrededor del siglo XII. Los propios arcos de medio punto se tallaban con formas o figuras geométricas, y los pilares, también, se tallaban a menudo en su cabecera con motivos.

Muchos edificios construidos con el estilo normando han sido destruidos o alterados desde entonces, lo que significa que queda poco del estilo arquitectónico original. Existen, sin embargo, algunos ejemplos supervivientes. La catedral de Durham es uno de estos edificios supervivientes. La catedral fue construida en algún momento a finales del siglo XI o XII. La catedral no solo utiliza los característicos arcos de medio punto y pilares de la arquitectura normanda, sino que también tiene un techo de bóveda de piedra. El techo de bóveda de piedra de la catedral de Durham es un hito arquitectónico. Muchos edificios de Inglaterra en esta época seguían utilizando techos de madera debido a la dificultad de crear techos de piedra que se sostuvieran por sí mismos. El gran techo abovedado de piedra de la catedral de Durham fue un signo de mayor conocimiento arquitectónico y presagió la aparición del otro famoso estilo arquitectónico del periodo medieval: el gótico.

La arquitectura gótica comenzó a surgir hacia finales del siglo XII. También utiliza el estilo grandioso de la arquitectura normanda, pero la forma más fácil de detectar la diferencia entre los estilos arquitectónicos normando y gótico es la forma de los arcos. La arquitectura normanda utiliza arcos de medio punto, mientras que la gótica utiliza arcos apuntados. La arquitectura gótica también fue producto de una mayor capacidad de ingeniería. El estilo se centra en crear enormes espacios abiertos. Este objetivo creó muchas de las otras características definitorias del estilo gótico, como las bóvedas de crucería, los arbotantes y los arcos apuntados, todos los cuales ayudaron a sostener esas altas estructuras y esos grandes techos altos.

Un edificio de estilo gótico[13]

Mientras que el estilo normando comenzó pintando y añadiendo después tallas para embellecer sus edificios, el estilo gótico es conocido por la tracería que embellece sus formas básicas. La tracería utiliza barras y nervaduras de piedra a lo largo de las aberturas, especialmente las ventanas, o incluso superpuestas en los muros (lo que se conoce como tracería ciega) para crear un efecto decorativo. La tracería se parece un poco a un encaje hecho de piedra, y es gran parte de la razón por la que el estilo gótico parece tan ornamentado.

Con el auge del estilo gótico, a muchas abadías e iglesias construidas originalmente en estilo normando se les añadieron elementos góticos o utilizaron el nuevo estilo al hacer añadidos o reconstruirlas. Aunque el estilo gótico no alcanzó su apogeo en Inglaterra, como lo hizo en Francia, quedan muchos ejemplos impresionantes de arquitectura gótica en Inglaterra, como las ruinas de la abadía de Whitby y la famosa linterna octogonal de la catedral de Ely.

A medida que avanzaba, el estilo gótico se hizo en muchos lugares más ornamentados y extravagante. Inglaterra, sin embargo, dio su propio giro a las cosas y desarrolló el estilo perpendicular en los dos últimos siglos de la Edad Media. El estilo perpendicular era exclusivamente inglés y, como su nombre indica, se caracterizaba por el énfasis en las líneas verticales. Las iglesias perpendiculares eran altas y estaban llenas de luz. Incluían enormes ventanas que solo utilizaban estrechas tracerías para permitir la entrada de la mayor cantidad de luz posible. Muchas de ellas también contenían tejados de ángel. Los tejados de ángeles eran un tipo de tejado de vigas de martillo, en el que las vigas que sostienen el tejado están apiladas de forma que se apoyan unas en otras sin necesidad de soporte adicional. En los tejados de ángeles, estas vigas se tallan después en forma de figuras de ángeles. Los tejados de ángeles están intrincadamente tallados, pero lamentablemente hoy en día se aprecian poco porque son muy difíciles de ver. Se encuentran en estas altas iglesias perpendiculares, lo que hace que la riqueza de detalles y la maestría que hay detrás de ellos sean imposibles de ver a simple vista.

Los tejados de ángeles y las iglesias perpendiculares que los albergaban fueron el apogeo de la arquitectura inglesa en la Edad Media. Su construcción era increíblemente costosa y a menudo excesivamente fastuosa. Los pueblos construían iglesias perpendiculares más grandes de lo que necesitaba la población local como demostración de piedad. La construcción de iglesias no se limitaba a cubrir una necesidad práctica, sino también, quizá incluso más, a mostrar celo y devoción religiosos. Esto ayuda a explicar por qué gran parte de la mejor arquitectura del periodo medieval se encuentra en establecimientos religiosos.

Arte visual

Hemos visto lo que produjo el periodo medieval tanto en libros como en edificios, pero ¿qué hay de lo que solemos pensar cuando oímos la palabra arte? ¿Qué hay de pinturas y esculturas y del tipo de cosas que se cuelgan en los museos? El periodo medieval tenía estas cosas, pero no de la forma que nos imaginamos cuando oímos las palabras bellas artes.

Como hemos mencionado en la introducción de este capítulo, el arte y la función estaban estrechamente ligados. Los tejados de ángeles de las iglesias inglesas son un buen ejemplo de ello. Estos ángeles son increíbles esculturas talladas por una mano maestra, pero no están sentados en un pedestal para que todo el mundo los admire. Están tallados en las necesarias vigas de soporte que sostienen el tejado de la iglesia. Lo mismo puede verse en los murales que decoraban muchas iglesias de estilo normando. Estos murales eran sin duda bellas piezas de arte, pero también se realizaban con un propósito concreto, decorar los espacios vacíos de la iglesia. Los artistas medievales crearon piezas de gran belleza y habilidad, pero a menudo con un propósito o encargo específico en mente.

Tomemos, por ejemplo, el tapiz de Bayeux, que es una de las piezas más famosas del arte medieval inglés que se ha conservado hasta nuestros días. El tapiz de Bayeux es una pieza de bordado de setenta metros de largo que narra la historia de la Conquista normanda. Hay más de setenta escenas que representan los acontecimientos de la Conquista, así como cenefas decorativas que muestran fábulas. Fue creado en algún momento del siglo XI, y se cree que fue encargado por el obispo Odo, hermanastro de Guillermo el Conquistador. El tapiz de Bayeux es suficientemente maravilloso como obra de arte, pero también es más que eso. Es un registro histórico. Dado que tiene un claro sesgo hacia la versión normanda de los hechos, también podría ser una pieza de propaganda política. Incluso algo tan decorativo como un tapiz tiene un propósito que va más allá de simplemente parecer bonito.

Una sección del tapiz de Bayeux[18]

El tapiz de Bayeux también nos muestra cómo ha cambiado el medio del arte visual con el paso del tiempo. Las tapicerías y los tapices eran una importante forma de arte en la época medieval, pero hoy en día son prácticamente desconocidos. Otra forma de arte que también estaba muy extendida en la Edad Media, pero que ha decaído desde entonces, es el manuscrito iluminado. Los manuscritos iluminados fueron creados originalmente por los monasterios. El nombre proviene del uso de oro y plata para embellecer las letras, lo que literalmente da a las páginas un aspecto iluminado. A medida que la práctica evolucionó, pasó a referirse a cualquier manuscrito decorado con colores y diseños brillantes.

Aunque los manuscritos iluminados incluían a menudo ilustraciones, sus características decorativas iban más allá. Iluminar un manuscrito no consistía en añadir imágenes, sino en decorar el propio texto. Esto incluía bordes decorativos, imágenes en miniatura dentro del propio texto y letras muy ornamentadas, especialmente mayúsculas al principio de una sección. Con la invención de la imprenta en el siglo XV, los manuscritos iluminados pasaron de moda, pero estos libros escritos y decorados a mano fueron una de las principales fuentes de arte visual en el periodo medieval.

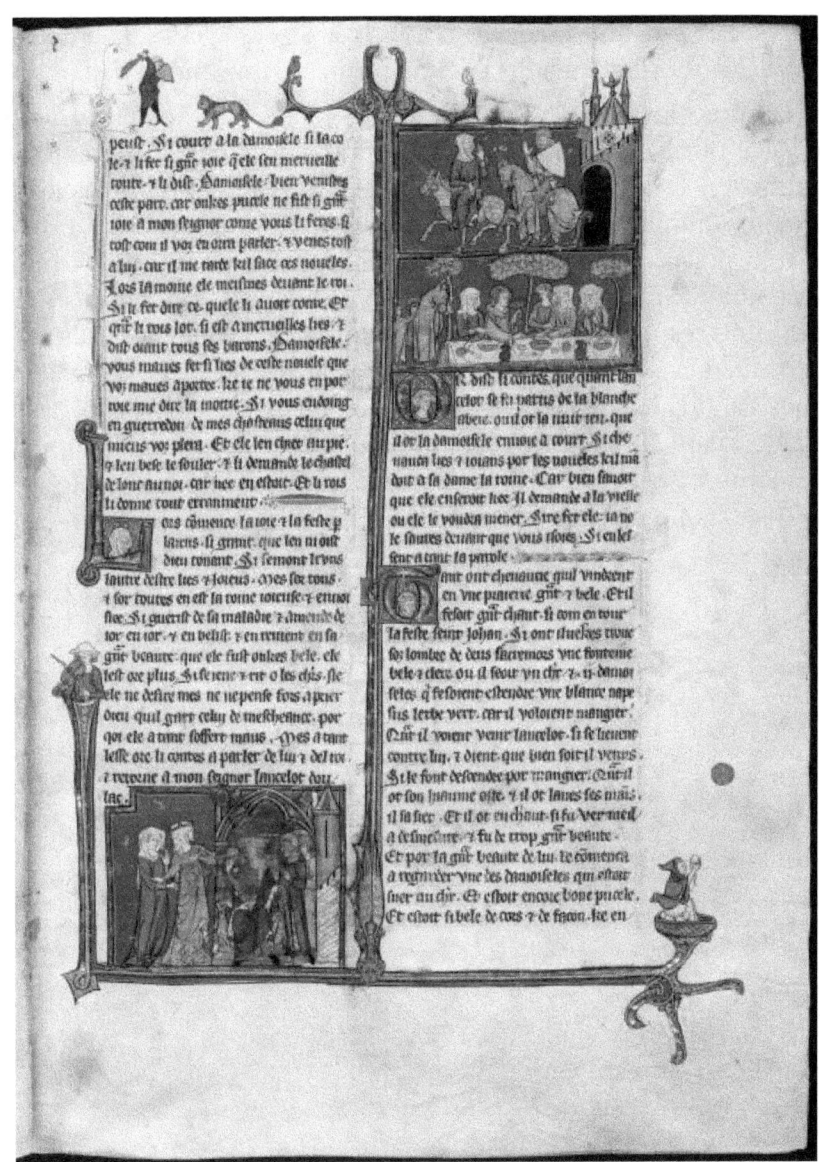

Página de un manuscrito iluminado[14]

A pesar de todos sus adornos, los manuscritos iluminados, al igual que el resto del arte medieval, siguen manteniendo esa conexión con la función. No se trataba de pinturas aisladas, sino de libros. Y basándonos en lo que ya hemos aprendido sobre literatura y arquitectura, probablemente pueda adivinar que la mayoría de los manuscritos iluminados eran libros religiosos. Las Biblias y los salterios (el Libro de los Salmos) eran algunos de los manuscritos iluminados más comunes y populares. Al igual que la construcción de costosas iglesias, la creación de libros religiosos ornamentados era una forma de mostrar piedad.

En la época anglosajona, el arte existía en los adornos utilizados para embellecer objetos cotidianos como broches y hebillas. A medida que avanzamos en la Edad Media hasta llegar a los tejados de ángeles y los manuscritos iluminados, empezamos a ver que el arte está cada vez menos ligado a lo práctico, pero sigue girando en torno a algún tipo de función, normalmente la exhibición de la devoción religiosa. En cierto modo, la religión fue responsable de gran parte del crecimiento artístico del periodo medieval porque proporcionó un espacio en el que verter enormes cantidades de tiempo y recursos en hacer algo bello resultaba apropiado. Para un hombre habría sido una pérdida de tiempo tallar ángeles en su casa de campo, pero hacerlo en su iglesia era un acto de fe.

Capítulo 9: La realeza a lo largo de la Edad Media

A lo largo de este libro, hemos hablado mucho de los diversos reyes que dominaron Inglaterra durante la Edad Media. Aunque es un error pensar que estos poderosos hombres eran los únicos que dirigían el curso de Inglaterra durante esta época, es igualmente incorrecto subestimar la importancia de la monarquía en el periodo medieval. Estos hombres ejercían un poder absoluto sobre el gobierno de Inglaterra, y sus decisiones, tanto las buenas como las malas, tuvieron un gran impacto en la nación.

Aunque hoy resulte atractivo pensar que la monarquía absoluta es una forma de gobierno relativamente simple y estancada, el lugar y el poder de la realeza experimentaron algunos cambios a lo largo de la Edad Media.

En teoría, la realeza funciona con un sistema hereditario muy simple. El sucesor del rey es el hijo mayor del rey actual. Sin embargo, en la Edad Media, las cosas no solían marchar tan fluidamente. Varios de los reyes de Inglaterra llegaron al trono por conquista y no por sangre, y en una época con una esperanza de vida más corta y tasas de mortalidad más elevadas, Inglaterra se encontró a menudo sin un heredero directo que reclamara el trono. Incluso cuando había un heredero directo, en ocasiones existían problemas para pasar el cetro de un rey al siguiente. En otras palabras, quien llegaba a ser rey estaba determinado a menudo por factores distintos del linaje.

El desarrollo de la realeza

Aunque a menudo nos imaginamos una monarquía como el tipo de gobierno por defecto, la realeza fue algo que tuvo que desarrollarse en Inglaterra. Cuando las tribus anglosajonas llegaron por primera vez, puede que llamaran reyes a sus jefes, pero pasaría un tiempo antes de que se parecieran a lo que pensamos cuando oímos la palabra rey.

Los primeros reyes anglosajones eran esencialmente los jefes de sus tribus. Cuanto más grande era su tribu, más poder tenía un rey, y para ganar poder, un rey necesitaba sobresalir en la guerra. La guerra era la forma en que una tribu podía obtener bienes excedentes que permitirían a la realeza amasar su riqueza y aumentar su estatus. Un rey también podía obtener riqueza de su pueblo directamente mediante el uso del tributo. Para pagar la protección que ofrecía un monarca poderoso, sus súbditos pagaban tributo en un lugar designado en un día determinado. La realeza en esta etapa estaba estrechamente ligada a un pueblo en particular, más que a toda una zona.

A medida que se desarrollaban las ciudades, la realeza empezó a ver otra forma más eficaz de acumular riqueza. Tomando el control de las ciudades y sus centros de comercio e imponiendo tasas, los reyes podían amasar muchas más riquezas y poder sin recurrir a la guerra. Fue entonces cuando muchos reyes empezaron a establecerse alrededor de los centros de población.

A lo largo de la Alta Edad Media, los diversos reyes anglosajones rivalizaron por el poder entre sí. Los reyes más poderosos obligaban a sus vecinos menos poderosos a pagarles tributo, pero a menudo se detenían ahí en lugar de plegar completamente los territorios conquistados a sus propios reinos. No fue hasta la llegada de los vikingos cuando los anglosajones se vieron obligados a unificarse en aras de la defensa, lo que permitió a un rey controlar toda la zona inglesa.

La dinastía Wessex

Los reyes de Wessex fueron los primeros reyes de toda Inglaterra. Ascendieron al poder cuando el abuelo de Athelstan, el rey Alfredo el Grande, venció a los vikingos, haciendo que Wessex se convirtiera en el reino anglosajón dominante. Athelstan fue el primero en tener oficialmente el control de toda la zona inglesa. La Casa de Wessex gobernó Inglaterra ininterrumpidamente desde 927 hasta 1016 y luego fue restaurada desde 1042 hasta 1066. A pesar de que solo gobernó Inglaterra durante un total de 113 años, la dinastía de Wessex incluyó a nueve reyes. De estos nueve reyes de Wessex, cinco gobernaron durante menos de una década y solo dos lo hicieron durante más de veinte años.

- Athelstan (r. 927-939)
- Edmundo I (r. 939-946)
- Edred (r. 946-955)
- Edwy (r. 955-959)
- Edgar (r. 959-975)
- Eduardo (r. 975-978)
- Etelredo II el Indeciso (r. 978-1013; 1014-1016)
- Edmundo II (r. 1016-1016)
- Eduardo el Confesor (r. 1042-1066)

Los reinados relativamente cortos de muchos de estos reyes son un buen ejemplo de por qué la realeza podía complicarse en la Edad Media. La vida podía ser brutal y muchos reyes, al igual que muchos de su pueblo, morían bastante jóvenes. Solo hay dos casos en la dinastía de Wessex en los que el trono pasó directamente de padre a hijo (de Edgar a Eduardo y de Etelredo a Edmundo II). En la mayoría de los casos, el trono pasó de hermano a hermano y no de padre a hijo. Si añadimos que Etelredo fue depuesto brevemente en 1013, y el gobierno de la Casa de Dinamarca, que interrumpió el dominio de Wessex de 1016 a 1042, podemos hacernos una idea de lo compleja que era la realeza de este periodo. Si una familia quería conservar el trono, necesitaba dos cosas: herederos y destreza militar. Por desgracia, era mucho más difícil mantenerse con vida en la época medieval, por lo que tener y conservar herederos era a menudo difícil. Incluso si se tenían herederos, también existía el riesgo de que alguien se apoderara del trono por la fuerza.

La Casa de Dinamarca

La Casa de Dinamarca se hizo con el control de Inglaterra brevemente desde 1016 hasta 1042. Sus veintiséis años de dominio vieron a tres reyes diferentes gobernar Inglaterra:

- Canuto (r. 1016-1035)
- Harold Harefoot (r. 1035-1040)
- Harthacnut (r. 1040-1042)

Aunque no mantuvieron el control durante mucho tiempo, la Casa de Dinamarca demuestra lo importante que era el poderío militar para los gobernantes de Inglaterra. Aunque Canuto fue un rey conquistador, su reinado de diecinueve años fue una época de paz y prosperidad para Inglaterra. Irónicamente, los reyes por conquista suelen ser recordados por la historia inglesa como buenos reyes. Tomar un reino mediante un conflicto militar colocaba a los reyes en una posición poderosa, lo que les permitía manejar con facilidad cualquier oposición a su gobierno. Esto a menudo ocasionaba un gobierno más estable en general. Tanto si al populacho le gustaba el rey conquistador como si no, las purgas y el aplastamiento de la oposición que conllevaba la toma de un trono por la fuerza solían provocar una pausa en las luchas internas durante varios años.

La dinastía normanda

Aunque la dinastía de Wessex fue restaurada con Eduardo el Confesor en 1042, no iba a durar. Guillermo el Conquistador, duque de Normandía, se convirtió en rey en 1066 tras derrotar a Harold Godwinson en la batalla de Hastings.

Como hemos comentado en capítulos anteriores, Guillermo I pudo introducir muchos cambios en el sistema inglés, entre ellos la concesión de títulos y tierras a sus partidarios normandos y la instauración del sistema feudal. Aunque es cierto que a muchos de los anglosajones no les gustaba Guillermo I, especialmente a los que perdieron sus tierras y posiciones, su gobierno, como el de Canuto, fue relativamente estable. Así pues, la realeza estaba muy ligada a los conflictos militares. Los gobernantes que demostraban su poderío en el campo de batalla ocupaban posiciones más seguras que los que heredaban sus títulos.

Los normandos gobernaron Inglaterra durante sesenta y nueve años, pero solo tuvieron tres reyes.

- Guillermo I (Guillermo el Conquistador) (r. 1066-1087)
- Guillermo II (r. 1087-1100)
- Enrique I (r. 1100-1135)

Por muy estable que fuera la dinastía normanda en su fuerza militar, cayó después de solo tres reyes debido al otro aspecto crucial para mantener el poder: los herederos. Gracias al trágico naufragio del *Barco Blanco*, Enrique I murió sin herederos varones.

La Casa de Blois

A lo largo de este capítulo, quizá se haya preguntado por qué seguimos refiriéndonos específicamente a los reyes de Inglaterra. Después de todo, sabemos que Inglaterra tuvo reinas. Algunas de las monarcas más famosas y que han reinado durante más tiempo en Inglaterra han sido reinas (la reina Isabel I, la reina Victoria y la reina Isabel II). Aunque Inglaterra pudo haber sido gobernada exitosamente por reinas en el periodo Tudor y posteriores, no fue así en la Edad Media. Como vimos en el capítulo 6, las mujeres no eran muy respetadas en el periodo medieval, y durante toda la Edad Media, Inglaterra nunca fue gobernada por una reina. Esto no significaba que las reinas no existieran. La esposa del rey era la reina, pero ninguna mujer fue en la práctica la gobernante de Inglaterra por derecho propio, aunque varias (Leonor de Aquitania, Isabel de Francia y Margarita de Anjou) ejercieron una buena dosis de poder.

Técnicamente hablando, no había ninguna ley que dijera que una mujer no podía gobernar Inglaterra, a diferencia de otros países europeos de la época, pero el sexismo general de la época hizo que no se lo considerara, aunque fuera legalmente posible. Lo más cerca que estuvo una mujer de ser monarca de Inglaterra fue tras la muerte de Enrique I. Al morir su heredero varón, Enrique I nombró heredera a su hija, la emperatriz Matilde. Sin embargo, tras la muerte de Enrique I, su sobrino y primo de Matilde, Esteban de Blois, ocupó el trono.

Aunque Matilde luchó contra Esteban durante casi veinte años en la guerra civil conocida como la Anarquía, nunca consiguió hacerse con el trono de Inglaterra. Llegó a controlar zonas de Inglaterra en diferentes momentos, pero la lucha entre ella y Esteban solo desembocó en un punto muerto, por lo que, aunque Matilde estuvo a punto de conseguirlo, nunca fue técnicamente la reina de Inglaterra.

Los Plantagenet

A pesar de que Matilde nunca llegó a ser reina, su hijo consiguió llegar a un acuerdo con Esteban de Blois y, en 1154, Enrique II se convirtió en el primero de los reyes Plantagenet. Gobernando desde 1154 hasta 1485, los Plantagenet son de lejos la dinastía real más longeva de la Edad Media inglesa. Como tal, en sus filas se encuentran algunos de los mejores y peores reyes ingleses. Los catorce reyes de la dinastía Plantagenet son:

- Enrique II (r. 1154-1189)
- Ricardo I (Ricardo Corazón de León) (r. 1189-1199)
- Juan (r. 1199-1216)
- Enrique III (r. 1216-1272)
- Eduardo I (Eduardo el Zanquilargo) (r. 1272-1307)
- Eduardo II (Eduardo el Leopardo) (r. 1307-1327)
- Eduardo III (r. 1327-1377)
- Ricardo II (r. 1377-1399)
- Enrique IV (r. 1399-1413)
- Enrique V (r. 1413-1422)
- Enrique VI (r. 1422-1461; 1470-1471)
- Eduardo IV (r. 1461-1470; 1471-1483)
- Eduardo V (r. 1483)
- Ricardo III (r. 1483-1485)

En comparación con otras dinastías reales inglesas de la Edad Media, los Plantagenet fueron bastante prolíficos en lo que a herederos se refiere. Enrique II y Leonor de Aquitania tuvieron ocho hijos, cinco de los cuales eran varones. De Juan a Eduardo III, el trono consiguió pasar en línea directa de padre a hijo, lo que, como demuestra la dinastía de Wessex, no era tan común como cabría pensar en la Edad Media. Eduardo III también tuvo cinco hijos que sobrevivieron hasta la edad adulta. Su capacidad para producir herederos varones supervivientes puede haber sido en gran parte la razón por la que la dinastía Plantagenet pudo ostentar el trono inglés durante tanto más tiempo que sus predecesores.

Sin embargo, si no tener hijos había resultado ser un problema para los reyes ingleses en el pasado, los Plantagenet demostraron que tener demasiados hijos también podía serlo. Enrique II tuvo que hacer frente a revueltas encabezadas por algunos de sus hijos y su esposa, pero fueron Eduardo III y sus cinco hijos quienes resultaron ser la perdición de los Plantagenet.

Puede que no reconozca los nombres de los hijos supervivientes de Eduardo III (Eduardo el Príncipe Negro, Lionel de Amberes, Juan de Gante, Edmundo de Langley y Tomás de Woodstock), pero sí reconocerá las dos casas que descienden de ellos: York y Lancaster. La

Casa de Lancaster remonta su linaje a Juan de Gante, y la Casa de York procede tanto de Lionel de Amberes como de Edmundo de Langley. Gracias a los cinco hijos de Eduardo III, al llegar al reinado de Enrique VI, había varias personas que podían reclamar la ascendencia real. El resultado fue una época muy sangrienta y caótica conocida como las guerras de las Dos Rosas. Eso no quiere decir que los múltiples hijos de Eduardo III fueran la única causa de las guerras de las Dos Rosas. Hubo muchas otras cosas que salieron mal, pero los varios reclamantes contribuyeron sin duda a lo larga y sangrienta que llegó a ser la guerra.

Así pues, los Plantagenet tenían herederos más que suficientes para asegurar su dinastía real, pero acabaron matándose unos a otros en una sangrienta guerra civil que dio paso a los Tudor. Sin embargo, consiguieron conservar el trono inglés durante 330 años, y durante ese tiempo, muchas cosas cambiaron en la forma en que los ingleses entendían la realeza. Fue la época de las dos guerras de los Barones, la Carta Magna y la Revuelta de los campesinos. Si las dinastías Wessex, danesa y normanda habían tratado de establecer el poder del rey, la dinastía Plantagenet fue testigo de múltiples desafíos y de una redefinición de ese poder.

A menudo pensamos que los reyes medievales ejercían un poder absoluto, pero fue durante el periodo medieval cuando se estableció el Parlamento, que se reunió por primera vez en 1215, en un esfuerzo por controlar el poder del rey. En aquella época, el Parlamento estaba formado por nobles, por lo que no estamos ni mucho menos ante un gobierno controlado por el pueblo. Aun así, es importante reconocer que el Parlamento tenía cierto poder real. A partir de 1362, el Parlamento tuvo que aprobar cualquier impuesto que el rey deseara aplicar. Esto resultaría ser un importante control de la autoridad real, ya que los reyes no podían hacer la guerra sin obtener fondos a través de los impuestos. Al obtener el control sobre los hilos del erario, el Parlamento tenía un control efectivo sobre el poder del rey. El rey seguía siendo en gran medida quien dirigía el país, pero ahora necesitaba la aprobación de los hombres más poderosos de Inglaterra para hacer ciertas cosas.

El problema de la realeza en la Edad Media

Las revueltas contra el rey y la creación de la Carta Magna y el Parlamento muestran lo confusa que puede ser hoy nuestra comprensión de la realeza. En la Edad Media, los reyes no tenían un poder absoluto ni eran necesariamente respetados como soberanos por designación divina. La idea de que los reyes poseían un derecho divino y soberano para gobernar de forma absoluta, una teoría conocida como el derecho divino de los reyes, estaba más extendida en la Inglaterra del siglo XVII que en la Edad Media.

Probablemente suene retrógrado. ¿Cómo es que los reyes llegaron a tener un estatus superior más tarde? Tiene que ver con el gran problema subyacente al que se enfrentaban muchos reyes ingleses medievales. Eran solo hombres.

Tanto si luchaban contra rebeldes en su propio país como contra fuerzas extranjeras, los reyes ingleses tenían que pasar mucho tiempo demostrando que podían mantener el trono, y parece que por cada rey que lo conseguía, había otro que no. Los reyes poderosos conquistaban y gobernaban con firmeza solo para que su hijo o su nieto perdieran todo lo que habían ganado, y no había ninguna forma garantizada de que una familia mantuviera un asidero seguro en el trono. En 1135, Inglaterra se enfrentó a la Anarquía como consecuencia de la muerte del rey Enrique I sin heredero. En 1455, Inglaterra volvió a desangrarse bajo un conflicto interno masivo con las guerras de las Dos Rosas, pero este conflicto tuvo su origen en el exceso de pretendientes con sangre real. Así pues, no tener un heredero y tener demasiados herederos condujo al caos en este periodo. También estaba el hecho de que simplemente tomar el trono por la fuerza era una opción. Tanto Canuto como Guillermo el Conquistador eran extranjeros que se apoderaron del trono inglés. Ricardo I obligó a su padre a nombrarlo heredero, Eduardo II fue depuesto por su esposa, Enrique IV derrocó a su primo Ricardo II y Ricardo III acabó con sus sobrinos para hacerse con el trono.

La realeza inglesa de la época medieval tenía mucho poder, pero ese poder podía ser arrebatado o al menos conflictivo si el rey carecía del carácter para ostentarlo. En muchos sentidos, los reyes medievales tenían que valerse por sí mismos si querían mantener la paz más de lo que lo harían algunas realezas posteriores.

En general, el trono inglés en la Edad Media nunca fue tan estable como podríamos pensar, y a medida que la monarquía se adentraba en la era posterior a la Edad Media, se hacía más hincapié en la soberanía suprema del monarca. A lo largo del Renacimiento y más allá, la realeza inglesa comenzó a enfundarse en más fastuosidad. Para crear un trono y una dinastía más seguros, los reyes ya no podían ser solo hombres. Tenían que ser vistos como algo más para que mantuvieran un derecho natural a su posición. Una cosa era derrocar a un hombre o a una familia poderosa. Otra era derrocar a un soberano designado divinamente. Por supuesto, esta forma de entender la realeza también dio lugar a muchos problemas, pero eso fue un problema para el siglo XVII.

Capítulo 10: Ley y orden

La Inglaterra medieval podía ser caótica en ocasiones, pero aún existía un sistema relativamente estable de ley y orden que mantenía la paz en todo el país. El sistema legal inglés medieval es, en algunos aspectos, increíblemente extraño y, en otros, se asemeja a lo que aún existe en la actualidad.

Los tribunales

A lo largo del periodo medieval, el sistema jurídico inglés experimentó muchos cambios, y una de las mejores formas de verlo es en el número de tipos diferentes de tribunales que se establecieron.

En la época anglosajona había dos grandes tipos de tribunales: el *hundred* y el *shire*. El *hundred* era una división del mayor *shire* y atendía los casos menores, mientras que los tribunales del *shire* atendían los casos mayores. La conquista normanda y el sistema feudal añadieron otro tipo de tribunal: el tribunal señorial. Los tribunales señoriales los celebraban los terratenientes para sus arrendatarios. Se ocupaban de asuntos como la compraventa de tierras y delitos penales menores. Los tribunales señoriales estaban restringidos a la jurisdicción de su señor particular. Las multas que recaudaban estos tribunales formaban parte de los ingresos del señor.

Por si esto no fuera suficientemente complicado, también había tribunales eclesiásticos. La jurisdicción entre los tribunales seculares (reales) y los eclesiásticos era a menudo un punto de conflicto. Durante mucho tiempo, los clérigos tenían derecho a ser juzgados exclusivamente por los tribunales eclesiásticos, y cuando Enrique II intentó cambiar esta regla, dio lugar a la famosa controversia Becket.

Enrique II fue responsable de otros cambios importantes en el sistema jurídico inglés. En 1166, en respuesta a la extrema anarquía que predominaba tras el periodo de la Anarquía, Enrique II promulgó la *Assize of Clarendon*. Se trataba de una serie de leyes que reformaron el sistema judicial, y uno de los principales cambios que instituyó fue el establecimiento de jueces itinerantes. Los jueces nombrados por el rey debían recorrer circuitos por toda Inglaterra oyendo casos. Era deber de un gran jurado, compuesto por doce hombres, informar de los delitos graves a estos jueces. Bajo este sistema, los acusados de delitos graves debían ser juzgados ante los hombres del rey, consolidando la autoridad de la ley bajo el gobierno central (el rey).

Así pues, la Inglaterra medieval contaba tanto con tribunales locales que juzgaban la mayoría de los casos como con tribunales superiores que juzgaban delitos más graves y apelaciones. La jurisdicción exacta de los distintos tribunales se solapaba y podía ser terriblemente confusa, pero la estructura básica de un sistema judicial de varios niveles estaba ahí. En otras palabras, el sistema judicial era complicado desde hacía mucho tiempo.

Castigos

Antes de hablar de cómo determinaban los medievales si alguien era culpable (lo hacían de formas bastante extrañas), hablemos de lo que ocurría si se lo declaraba culpable. Si lo pillaban infringiendo la ley en la época medieval, ¿qué tipo de castigo podía esperar?

Al igual que el crimen y el castigo actuales, los castigos medievales variaban mucho en función del delito. El sistema legal medieval era duro e incluso horripilante, pero no cortaban la mano a nadie que infringiera una ley. Los castigos medievales iban desde el pago de una multa hasta la ejecución en la horca y el descuartizamiento. Estos son algunos de los castigos propios de la época:

- **El cepo y la picota** Tanto el cepo como la picota eran una forma de castigo vergonzoso. En el cepo, la persona culpable tenía los tobillos atrapados en una tabla, mientras que en la picota, la persona tenía la cabeza y los brazos atrapados. La picota era un poco peor que el cepo, pero ambos castigos eran para delitos menores como la vagancia y la embriaguez. La persona atrapada podía ser objeto de burlas por parte de la multitud y se le arrojaban cosas como verduras podridas. Sin embargo, a veces se les arrojaban flores si eran muy queridos en la comunidad. Incluso había normas que prohibían arrojar objetos duros (como las piedras) a las personas en el cepo o la picota.

- **Azotes:** Para los delitos más graves, muchos pueblos y ciudades tenían algo más que cepos y picota. También tenían un poste de azotes. La flagelación es exactamente como suena y, como muchos otros castigos medievales, se hacía en público. Este elemento de vergüenza se añadía a muchos castigos medievales.

- **Mutilación:** Cortar una mano era un castigo por robar en la época medieval. El castigo variaba en función de lo robado. Es probable que no se perdería una mano por robar una manzana, pero se podía perder una mano dependiendo de lo que se robara y a quién se robara. Perder un pie era otro castigo potencial.

- **La horca:** Aunque tenían algunos métodos de ejecución mucho más sangrientos, el principal método de ejecución en la Inglaterra medieval era el ahorcamiento. Sin embargo, el método de la caída larga en la horca, que aseguraba que el cuello de la persona se rompiera, no se puso en práctica hasta el siglo XIX. El ahorcamiento en la Edad Media era una muerte por estrangulamiento mucho más lenta. Dependiendo de su crimen, los cuerpos de algunos criminales se dejaban colgando de la horca como exhibición pública. El cuerpo también podía ser mutilado tras la muerte. Estas prácticas servían de advertencia a los demás y formaban parte del intento del periodo medieval de prevenir la delincuencia.

- **Quemado en la hoguera:** Ser quemado en la hoguera es tan horrible como suena, probablemente incluso más. Es imposible imaginar la agonía de ser quemado vivo. ¿Qué delito provocaría recibir un castigo tan horrendo? La herejía religiosa, incluida la brujería, era el delito que merecía la hoguera. La práctica de quemar a los acusados de herejía continuó pasada la Edad Media. María la Sangrienta, que fue reina de Inglaterra de 1553 a 1558, se ganó ese apodo por su persecución a los protestantes, que incluyó la quema de más de trescientas personas. La quema en la hoguera también se utilizó como castigo para las mujeres culpables de traición y para algunos otros delitos.

- **Arrastrado, ahorcamiento y descuartizamiento:** El castigo medieval reservado a lo peor de lo peor era el arrastrado, el ahorcamiento y el descuartizamiento. Este castigo era para los culpables de alta traición. El arrastrado implicaba arrastrar al criminal hasta la horca. A continuación se lo colgaba, tras lo cual se lo descolgaba y descuartizaba. Descuartizado se refería específicamente a la extirpación de los miembros, pero a menudo también eran mutilados de otras formas, como decapitados y destripados. Las distintas partes del cuerpo se exhibían después públicamente. Si eso no le parece suficientemente horripilante, la parte realmente horrible es que se bajaba a la persona de la horca antes de que estuviera del todo muerta, por lo que seguía viva al comienzo del siguiente paso. A menudo, se les extraían las entrañas ante sus propios ojos y luego se los quemaba antes de descuartizarlos y, a veces, decapitarlos. Este tipo de castigo siguió siendo la pena por traición hasta el siglo XIX. La última vez que se utilizó fue en 1867 y se abolió en 1870.

Lo que puede resultar aún más chocante que los castigos es el hecho de que muchos de estos castigos más duros, como la quema en la hoguera y el arrastramiento, ahorcamiento y descuartizamiento, se desarrollaron en la Baja Edad Media (alrededor de los siglos XI y XII) y persistieron en los siglos XVIII e incluso XIX. Puede que nos guste pensar que estos castigos eran el producto de una especie de edad oscura, pero el periodo medieval no fue el único en repartir castigos horripilantes.

Pero, ¿por qué exactamente eran tan duros los castigos? ¿Eran los medievales demasiado crueles? Había una lógica detrás de estos métodos. El orden público medieval era un sistema basado en la prevención a través del miedo. No había policía. No había cárcel. Las cárceles de la época no servían para retener a los prisioneros como castigo, sino para retener a la gente hasta su juicio. No existía un sistema para detener los delitos en el momento en que se producían ni para mantener a los delincuentes separados del resto de la sociedad. En cambio, el sistema medieval se basaba en estos duros castigos para disuadir a la gente de cometer delitos.

Compurgación

Ahora que sabemos lo que ocurría si se lo declaraba culpable de un delito en la Inglaterra medieval, hablemos de cómo se determinaba su culpabilidad. Sin ciencia forense ni siquiera policía para investigar los delitos, tenían un sistema muy diferente para llevar a cabo los juicios. Una de las principales formas de llevar a cabo un juicio era a través de la compurgación, que también se llamaba la apuesta de derecho.

La compurgación era más un método diseñado para probar la propia inocencia que para establecer la culpabilidad. Tenga en cuenta que esto fue mucho antes de que surgiera la doctrina de «inocente hasta que se demuestre lo contrario». Los sospechosos de delitos en la Edad Media tenían que demostrar su inocencia, y la compurgación era quizá el método más utilizado para hacerlo.

La compurgación era un sistema que se centraba en el juramento. El acusado prestaba juramento declarando su inocencia. Se creería su juramento si lograban encontrar suficientes personas que también juraran su inocencia. Este proceso normalmente requería que el acusado consiguiera que doce personas juraran su inocencia. Estas personas no juraban que sabían que el acusado no había cometido el delito. Más bien, juraban que creían en las palabras del acusado. Funcionaban un poco como testigos de carácter.

A los juramentos se les asignaban valores monetarios precisos, y el valor del juramento de una persona también dependía de su estatus social. La palabra de un noble valía más que la de un campesino. En algunos casos, para demostrar su inocencia, el acusado tenía que adquirir juramentos que sumaban un valor total.

Con este sistema, parece que todo el mundo debería de poder demostrar su inocencia ante cualquier delito, pero no era así. Prestar juramento era un asunto muy serio en la Edad Media. Tenía implicaciones religiosas y legales. Hacer un juramento por alguien con mala reputación podía meterlo a uno en problemas, así que la gente que parecía culpable o que tenía pocos amigos lo tenía difícil para cumplir los requisitos de la compurgación.

Juicio por ordalía

Uno de los aspectos más desconcertantes del derecho medieval para nuestra comprensión moderna de la ley y el orden era el juicio por ordalía. Había tres grandes tipos de juicios por ordalía: el juicio por adivinación, el juicio por ordalía física y el juicio por combate. De los tres, el juicio por ordalía física, que suele llamarse simplemente juicio por ordalía, era el más común.

Entonces, ¿cómo era el juicio por ordalía? No suena agradable, y definitivamente no lo era. El juicio por ordalía era una forma de determinar la culpabilidad de una persona que dependía del juicio de Dios. Una persona sospechosa era sometida a una prueba física particular con la creencia de que Dios determinaría el resultado. Si la superaban, eran inocentes. Si fracasaban, eran culpables.

Sin embargo, ¿cuáles eran las pruebas físicas reales? En la Inglaterra medieval, existían dos versiones del juicio por ordalía: el juicio de agua fría y el juicio de hierro caliente. El juicio del agua fría consistía en atar a los acusados con cuerdas y arrojarlos a una masa de agua. Si se hundían, eran inocentes. Si flotaban, eran culpables. Esto se basaba en la conexión del agua con el bautismo. Se creía que el agua no aceptaría a una persona culpable y, por tanto, no se hundiría. El juicio por hierro candente era quizá aún más desagradable. Se calentaba un trozo de hierro en el fuego y luego el acusado tenía que caminar una cierta distancia sosteniéndolo. Su culpabilidad no se determinaba por si se habían quemado, sino por lo bien que cicatrizaba la herida. Se les envolvía la mano durante unos días, y si aparecía sin quemaduras o si la herida no parecía enferma al desenvolverla, eran inocentes. Ambos juicios eran supervisados por un sacerdote, que realizaba los rituales necesarios para preparar y llevar a cabo el juicio.

Cuando uno se entera por primera vez del juicio por ordalías, hay dos respuestas comprensibles. Pueden venir a la mente tanto «¡Eso es una barbaridad!», como «¡Eso es una estupidez!». Casi ahogar a la gente y obligarla a sostener metal caliente parece tanto cruel como una forma terrible de determinar la culpabilidad, y es cierto. Era a la vez cruel y salvajemente inexacto, pero a pesar de todo, el juicio por ordalía tiene más matices de los que parece.

En primer lugar, ¿cuándo se utilizó el juicio por ordalía? No todo el que era acusado de un delito tenía que someterse a uno de estos juicios. El juicio por ordalía estaba reservado al tribunal del rey, que solo conocía de delitos graves, por lo que uno no se enfrentaría a un juicio por ordalía solo por robar una manzana. Incluso en los casos que sí llegaban al tribunal del rey, si uno podía demostrar satisfactoriamente su inocencia, no tenía que enfrentarse a un juicio por ordalía. El juicio estaba destinado a apelar al juicio de Dios cuando fallaba el juicio humano. Cabría esperar entonces que se utilizara en casos en los que había una gran incertidumbre, pero también se utilizaba en casos en los que el acusado era muy sospechoso. El juicio por ordalía se utilizaba con frecuencia en personas que se consideraban poco dignas de confianza o que no podían encontrar personas que demostraran su inocencia mediante la compurgación. El juicio por ordalía podía utilizarse tanto cuando había incertidumbre como cuando una persona parecía ser culpable.

El hecho de que a menudo se sometiera a los culpables a un juicio por ordalía queda patente en los casos en los que la persona superaba el juicio. Incluso después de superar el juicio, a algunas personas se les ordenaba abandonar Inglaterra. Dios dijo que eran inocentes, pero, aun así, fueron desterrados. Esto parece sugerir que, en algunos casos, se seguía creyendo que las personas sometidas a estos juicios eran culpables. Entonces, ¿cuál era el propósito del juicio?

Para entender esto, tenemos que darnos cuenta de algo importante sobre los juicios por ordalía. El hecho era que la mayoría de la gente superaba las pruebas. La mayoría de las personas que se sometieron a la prueba del agua fría se hundieron, demostrando su inocencia, y lo que es aún más extraño, la mayoría de las personas que soportaron la prueba del hierro candente también fueron declaradas inocentes. Esto significaba que si usted era sometido a un juicio por ordalía, había muchas probabilidades de que se demostrara su inocencia.

Piense en lo que esto significa para los culpables. El castigo medieval era duro. Si el delito era lo suficientemente grave como para justificar un juicio por ordalía, lo más probable era que el castigo si se lo declaraba culpable fuera mucho peor que el juicio. Probablemente se enfrentaría a la muerte o a la mutilación. Los juicios eran extremadamente desagradables, pero eran mejores que eso. Entonces, el juicio por ordalía podía ser una forma de que el culpable escapara a un castigo mucho más duro.

Por supuesto, seguía existiendo la posibilidad de fracasar en el juicio y encima tener que enfrentarse al castigo por el delito, y no cabe duda de que a veces también se obligaba a personas inocentes a soportar el juicio. Esta práctica no constituía un sistema judicial justo, pero, extrañamente, pudo haber otorgado clemencia a más personas de las que creemos. Aun así, la sociedad medieval parecía ser consciente de los fallos de esta práctica. Los juicios por ordalía fueron prohibidos por la Iglesia en 1215, y como los sacerdotes eran fundamentales en los juicios, el juicio por ordalía desapareció rápidamente después de 1215.

Los juicios por combate eran mucho menos comunes, pero también existieron en la época medieval. Estos juicios solían ser practicados solo por nobles. Los juicios por combate también requerían que hubiera algún tipo de acusador al que se enfrentara el sospechoso, por lo que no eran prácticos en muchos casos. Al igual que el juicio por ordalía física, se suponía que Dios estaría con el hombre que tuviera razón. Si el acusado perdía el combate y sobrevivía, entonces tendría que enfrentarse al castigo que dictara su delito.

Juicio por jurado

Aunque muchas de las prácticas de la ley y el orden medievales nos parecen crueles y extrañas, este periodo también vio el comienzo de algo que se ha convertido en fundamental en muchos sistemas legales modernos: el juicio por jurado.

Los juicios con jurado tienen una larga historia en Inglaterra. No fueron establecidos por una única ley, sino que se desarrollaron a lo largo del tiempo. Los orígenes exactos de los primeros juicios con jurado no están claros. Es posible que las tribus anglosajonas ya tuvieran el inicio de los juicios con jurado, pero la práctica podría haber sido introducida por los normandos tras la Conquista. El *Assize of Clarendon* de 1166 estableció el uso de un gran jurado para determinar qué casos llegaban ante los jueces del rey en su circuito. Después de que la Iglesia aboliera los juicios por ordalía en 1215, los juicios con jurado adquirieron más importancia, puesto que los juicios por ordalía ya no eran una opción.

Además, en 1215, la Carta Magna declaraba: «Ningún hombre libre será apresado, o encarcelado, o destituido, o proscrito, o exiliado, o destruido de ninguna manera; ni iremos sobre él, ni enviaremos sobre él, a menos que sea por el juicio legítimo de sus pares, o por la ley del país». El «juicio legítimo de sus iguales» muestra claramente que el juicio por jurado era un concepto conocido en la época de la Carta Magna, y el hecho de que se incluyera en ella demuestra que también se concedía cierta importancia a esta práctica.

Entonces, ¿eran los juicios medievales con jurado lo mismo que un juicio con jurado en la actualidad? En la práctica medieval, el jurado estaba más cerca de lo que nosotros llamaríamos testigos. El jurado estaba formado por hombres de la comunidad que decidían el caso basándose en lo que sabían. No había abogados que presentaran pruebas. El jurado decidía basándose en lo que casualmente sabían sobre el caso y el sospechoso.

El sistema de jurados era exclusivo de la Inglaterra medieval. Se extendió a otras zonas con el colonialismo británico y apareció en Francia tras la Revolución francesa, pero en la Edad Media solo había jurados en Inglaterra.

El derecho medieval suele evocar imágenes de ejecuciones brutales y corrupción, y aunque esas cosas existían, el sistema en general era mucho más que eso. La introducción en ese periodo de los juicios con jurado ha sido uno de los impactos más duraderos de la Edad Media inglesa.

Capítulo 11: Fe e identidad religiosa

En la gran cronología de la historia humana, el ateísmo e incluso el agnosticismo son invenciones recientes. Durante la mayor parte del pasado, todo el mundo al menos profesaba ser religioso o creer en alguna deidad. En la Inglaterra medieval, el cristianismo era la religión abrumadoramente dominante. No sería del todo exacto decir que, en algún momento, todo el mundo en la Inglaterra medieval era cristiano, al menos en algún sentido. ¿Cómo es posible?

La religión en la Edad Media difería mucho de la que experimentamos hoy en día. Recuerde que la Carta de Derechos estadounidense con su enmienda sobre la libertad religiosa no se aprobó hasta 1791. Antes de eso, la religión era determinada por el gobierno. Usted era cristiano porque su rey lo había determinado. Eso no significaba que todo el mundo creyera en las mismas cosas, pero sí que oficialmente todo el mundo era de la misma religión. Y en la Edad Media, esa religión era el cristianismo.

Efectos del cristianismo

Ya hemos hablado de la conversión de los anglosajones en el capítulo 4, así que ahora veamos más de cerca qué efecto tuvo el cristianismo en Inglaterra y su pueblo.

Como mencionamos brevemente al hablar de la conversión de los anglosajones, una de las cosas más importantes que el cristianismo aportó a Inglaterra fue la alfabetización. No estamos hablando de llevar la alfabetización a la población en general, sino simplemente del hecho de que los monjes y sacerdotes supieran leer y escribir. Muchas de las fuentes históricas de enorme importancia que tenemos ahora, como la *Historia eclesiástica del pueblo inglés* de Bede el Venerable, fueron escritas por monjes y otros miembros del clero. Contar con un grupo que pudiera escribir las cosas también significaba que era mucho más fácil crear un sistema jurídico más unificado y llevar la cuenta de cosas como nacimientos, defunciones y matrimonios. El cristianismo contribuyó así a crear reinos anglosajones más grandes y organizados, que finalmente desembocaron en una nación inglesa.

Como probablemente se haya dado cuenta en el capítulo sobre arte y arquitectura, el cristianismo también tuvo un gran impacto en la cultura de la época. La mayoría de las obras de arte, literatura y arquitectura tenían motivaciones religiosas. Además del arte cristiano, las leyes y costumbres de la época también estaban profundamente ligadas a la religión dominante. Había tribunales eclesiásticos y leyes que prohibían cosas como la usura porque estaban prohibidas en la Biblia. Uno podía ser arrestado por hereje del mismo modo que por robo o asesinato.

Lo cierto es que la influencia del cristianismo estaba tan extendida en la Edad Media que resulta difícil describirla. El cristianismo estaba en la cultura y en las leyes. Impregnaba el ritmo mismo de la vida medieval. Se filtró tanto en el trasfondo y el contexto que hoy nos resulta muy difícil discernir hasta qué punto la gente se tomaba en serio su fe y su identidad religiosa en este periodo. Todos eran cristianos, pero ¿hasta qué punto lo eran? Quizá la mejor manera de responder a esta pregunta sea observar las demás creencias religiosas de la Inglaterra medieval.

Restos de paganismo

Lo primero que queremos recordar aquí es que las creencias verdaderamente nativas de los britones ya habían sufrido un duro golpe antes de la llegada de los anglosajones. A los romanos no les gustaban los druidas, por lo que gran parte de la religión organizada original de los nativos britones ya se había perdido cuando Gran Bretaña se convirtió en colonia romana. Cuando los anglosajones se convirtieron entonces al cristianismo, la religión organizada de Inglaterra cambió gradual y totalmente al cristianismo. Lo que persistió durante mucho más tiempo no fueron las religiones paganas organizadas, sino más bien las creencias y prácticas populares que acompañaban a esas religiones.

Los campesinos de la Inglaterra medieval se llamaban y creían cristianos. Sin embargo, al mismo tiempo, seguían creyendo en cosas como las hadas y los espíritus. Las mismas personas que asistían a misa todos los domingos también realizaban hechizos y usaban amuletos para protegerse de estos seres sobrenaturales. Estas creencias populares no solo coexistieron con la Iglesia cristiana, sino que a veces se mezclaron con ella. Por ejemplo, una explicación de la existencia de las hadas era que eran ángeles caídos que habían quedado atrapados en la Tierra después de que Dios cerrara las puertas del cielo y del infierno. Otro ejemplo son los días de fiesta. Aunque los días de fiesta estaban organizados por la Iglesia y relacionados con los santos, muchos de ellos tenían orígenes paganos. La Pascua, por ejemplo, parece haber tomado su nombre de la diosa de la primavera, Eostre. Bailar alrededor del mayo en primavera es una tradición pagana, e incluso cosas como decorar los árboles en Navidad tienen raíces paganas. Aunque estas fiestas se celebraban ahora por motivos ligados al cristianismo, las celebraciones en sí solían continuar prácticas ligadas a creencias paganas. El cristianismo era la religión dominante, pero las creencias tradicionales persistían en una extraña mezcla con el cristianismo.

¿Cómo es que la gente estaba de acuerdo con creer tanto en las hadas como en Dios? No hace falta saber mucho sobre la Biblia para saber que la doctrina cristiana oficial no apoya esta mezcla de creencias populares y cristianismo. ¿Significa esto que los campesinos no habían aceptado el cristianismo?

Recuerde que la persona media en esta época era analfabeta, por lo que no podía leer la Biblia. Además, la misa se decía en latín. Así que, aunque todo el mundo era cristiano, la mayoría de la gente no sabía exactamente lo que eso implicaba. Podían creer fácilmente en las hadas y seguir siendo cristianos porque no se daban cuenta de que esas cosas eran contradictorias.

La Iglesia como organización sí intentó erradicar estas cosas hasta cierto punto, pero la difusión de la información y la aplicación de las normas era mucho más lenta y difícil en la Edad Media. Lo que el papa pudiera pensar sobre las cosas tenía poco efecto sobre lo que hacía un campesino de la Inglaterra rural. La Iglesia era mucho más eficaz a la hora de establecer un cristianismo «ortodoxo» en las ciudades y pueblos que en las aldeas rurales.

Además de los restos del paganismo, también hubo quienes rechazaron más plenamente el cristianismo. El movimiento contrarreligioso más famoso de la Edad Media fue el de los cátaros. Los cátaros eran un grupo asentado en el sur de Francia que idolatraba a Sofía, la diosa de la sabiduría. Los cátaros juraban servir a Sofía de forma muy parecida a como los caballeros de los poemas de amor cortesano juraban proteger a sus damas. La conexión era tan profunda que algunas personas creían que el género del amor cortés de este periodo fue producto del intento de los cátaros de difundir sus creencias.

La Iglesia no veía con buenos ojos a los cátaros ni a otros herejes religiosos. Los cátaros fueron aniquilados en la cruzada albigense, y la inquisición de la Iglesia trató con severidad a cualquier otra persona que considerara herética. Así que, aunque no estuviera de acuerdo con la fe cristiana en la Edad Media, era mejor no anunciarlo.

La vida cotidiana y la Iglesia

Entonces, ¿significa eso que la gente no era cristiana, sino que simplemente estaba demasiado asustada de la Iglesia como para actuar de otro modo? No exactamente. Como ya hemos mencionado, el cristianismo tenía una enorme influencia en todos los habitantes de la Inglaterra medieval, desde el rey hasta un granjero arrendatario. Los habitantes de la Inglaterra medieval no eran cristianos solo de nombre. El cristianismo formaba una gran parte de la vida de todos.

Ya hemos hablado de los numerosos días festivos repartidos a lo largo del año, pero para reiterarlo, había *muchos* días festivos (entre cuarenta y sesenta). Además de esos días libres, los domingos también eran días dedicados al descanso o, mejor dicho, dedicados al culto. La religión, por tanto, determinaba el ciclo de descanso y trabajo para todos, y en una sociedad tan centrada en el trabajo, eso equivalía a determinar el ritmo mismo de la vida.

La religión era también una parte esencial del gran ciclo de la vida. Los bebés eran bautizados poco después de nacer. La Iglesia era la autoridad que te casaba. También era la institución que te enterraba. La Iglesia estaba presente en todos los acontecimientos más importantes de la vida, lo que significaba que su presencia se sentía constantemente.

Además de fijar el calendario y desempeñar un papel clave en los acontecimientos importantes de la vida de una persona, el cristianismo también influyó en la vida de la gente a través de una práctica que se generalizó increíblemente a lo largo de la Edad Media: las peregrinaciones.

Peregrinaciones

La idea de una peregrinación religiosa no es ni mucho menos exclusiva del cristianismo medieval. Antes del cristianismo, los judíos viajaban a Jerusalén y al templo para acontecimientos religiosos importantes. Hoy en día, los musulmanes siguen realizando el *hach*, una peregrinación a La Meca. Sin embargo, en la Inglaterra medieval, la práctica de las peregrinaciones estaba específicamente vinculada al cristianismo.

Esto en sí es un poco extraño porque el cristianismo, a diferencia del judaísmo y el islam, no destaca específicamente lugares concretos como santos. No hay nada en la doctrina cristiana que exija o incluso anime a hacer un viaje físico como acto de piedad religiosa. En todo caso, el énfasis en las peregrinaciones cristianas en la Edad Media muestra lo enredado, o quizá más bien influenciado, que estaba el cristianismo medieval por otras creencias y prácticas.

Entonces, si los peregrinos cristianos no seguían ninguna ordenanza religiosa, ¿por qué peregrinaban? Había varias razones. Algunas personas viajaban a lugares concretos con la esperanza de encontrar una curación milagrosa. Otras personas peregrinaban como forma de penitencia por sus pecados. También había quienes peregrinaban como una mezcla de fe y turismo. Los primeros cristianos viajaban a Tierra Santa para ver los lugares por los que habían caminado Cristo y los apóstoles. Los lugares de descanso de los santos se convirtieron también en populares destinos de peregrinación. Muchos peregrinos hacían recorridos de peregrinación, visitando varios lugares en un solo viaje. Este deseo de ver cosas asociadas a su fe dio lugar a la popularidad de las reliquias.

Las reliquias son una de las cosas más infames de la religión en la Edad Media. Los lugares que afirmaban tener cosas como los huesos de varios santos, trozos de la cruz e incluso el Santo Grial (que era la copa que Cristo utilizó en la última cena) atraían a muchos visitantes. La gente no solo viajaba para ver reliquias, sino que estos objetos religiosos también crearon todo un mercado. Los peregrinos que viajaban a lugares sagrados podían comprar reliquias, tanto como recuerdo de su viaje como por los poderes que se decía que estos objetos poseían. Los visitantes de la catedral de Canterbury, por ejemplo, solían comprar viales de lo que se decía que era la sangre de Thomas Becket diluida en agua. Se creía que el brebaje tenía capacidades curativas milagrosas.

Cuando uno escucha hablar de las reliquias hoy en día, es difícil no poner los ojos en blanco. Parece un sistema excelente para engañar a viajeros crédulos y hacerlos comprar trozos de madera y huesos de animales cualquiera. Sin embargo, la gente de la Edad Media era consciente de este inconveniente de las reliquias. Los *Cuentos de Canterbury* de Chaucer, que es una historia sobre un grupo de personas que van en peregrinación a Canterbury, incluye a un personaje que vende reliquias falsas. Las reliquias eran un gran negocio en esta época, pero no está claro hasta qué punto la gente se lo tomaba en serio.

Podríamos pensar que los peregrinos eran unos pocos fanáticos religiosos aislados, pero la práctica estaba bastante extendida en este periodo. Era tan prominente que hubo un floreciente negocio en torno a las peregrinaciones. Surgieron posadas a lo largo de rutas de viaje bien conocidas hacia destinos populares, y los peregrinos a menudo compraban insignias distintivas, bastones y vestimentas que los marcaban como peregrinos, por no mencionar las reliquias. Para pagar estas cosas, los peregrinos tenían que llevar encima todos los fondos para el viaje, lo que los convertía en un blanco fácil para los ladrones. Los caballeros templarios se crearon originalmente para proteger a estos peregrinos. Las peregrinaciones eran tan comunes que surgieron infraestructuras en torno a esta actividad.

Hablando de los caballeros templarios, hubo otro tipo de peregrinación que se ha convertido casi en sinónimo de la Edad Media: las cruzadas. ¡Un momento! Las cruzadas no eran peregrinaciones. Eran guerras religiosas en las que los cristianos europeos intentaban recuperar Tierra Santa de manos de los musulmanes y detener la expansión del islam. Es cierto, pero las cruzadas fueron, en cierto modo, un tipo de peregrinación. Al igual que viajar a un lugar sagrado concreto, participar en una cruzada era un acto de fe y a menudo se consideraba un medio de penitencia y redención. Las cruzadas eran viajes con fines religiosos, por lo que eran peregrinaciones, aunque violentas.

Entre cruzados y otros peregrinos que solo querían ver los lugares, Tierra Santa era un popular destino de peregrinación. Roma era otro, ya que era el hogar de la Iglesia. Inglaterra, sin embargo, albergaba uno de los destinos de peregrinación más populares: Canterbury. Canterbury fue el lugar del martirio de santo Tomás Becket en 1170, tras lo cual se convirtió en uno de los lugares de peregrinación más visitados. Otros lugares de peregrinación fueron St. Albans, la abadía de Westminster, York, Walsingham y otros. La mayoría de los lugares eran visitados principalmente por personas de un área local, pero cuanto más venerado era un lugar, más lejos viajaba la gente para verlo.

Otras religiones de la Edad Media

Aunque el cristianismo dominaba ciertamente Europa, no era la única religión organizada importante de esta época. El judaísmo y el islam fueron las otras dos grandes confesiones de la época.

Como probablemente pueda deducir por la existencia de las cruzadas, musulmanes y cristianos no se llevaban bien en la Edad Media. Recuerde que era el periodo de la historia en el que la Iglesia quemaba herejes en la hoguera, por lo que la idea de tolerancia religiosa era inexistente. Como el islam seguía expandiéndose en Oriente Próximo, la Europa cristiana sintió que tenía que detener ese avance y recuperar Tierra Santa, de ahí las cruzadas.

La historia exacta de las cruzadas es confusa. Hubo muchas y en ellas participaron muchos grupos diferentes. Los cruzados cristianos no consiguieron expulsar a los musulmanes de Tierra Santa. Con su posición de isla aislada, Inglaterra no se vio muy afectada por este conflicto religioso, aunque Ricardo Corazón de León pasó más tiempo en las cruzadas que en Inglaterra. Sin embargo, Inglaterra sí tuvo una relación mucho más implicada y rocambolesca con un grupo religioso diferente: los judíos.

Desde que Roma saqueó Jerusalén y destruyó el templo en el año 70 de la era cristiana, los judíos se habían quedado sin patria. Así pues, vivían entre varias naciones, incluida Inglaterra. Recuerde que la tolerancia religiosa no era una virtud en aquellos tiempos, por lo que difícilmente puede decirse que los judíos de Inglaterra fueran bien vistos. El antisemitismo era rampante y, sin embargo, de alguna manera se toleraba la presencia de una pequeña población judía. ¿Por qué?

Todo se reducía al dinero. En la Edad Media, la Iglesia tenía leyes contra la usura. Si bien eso vendría a significar más tarde prestar dinero con tipos de interés explotadores, en la época medieval significaba prestar dinero con cualquier interés. A los cristianos no se les permitía prestar dinero para ganar dinero, lo que hacía muy difícil adquirir capital con el que financiar proyectos e inversiones de mayor envergadura. Como los judíos no eran miembros de la Iglesia, no tenían que seguir esas normas, por lo que los prestamistas judíos eran una importante fuente de capital.

Por supuesto, eso también significaba que la gente a menudo debía dinero a los judíos, lo que no ayudaba a los sentimientos antisemitas.

Mientras que muchos ingleses ricos despreciaban así a los judíos porque estaban en deuda con ellos, el hombre más poderoso de Inglaterra tenía una relación muy diferente con los judíos. El rey ganaba bastante dinero con sus súbditos judíos. La Corona estaba autorizada a confiscar todos los bienes de cualquier usurero a su muerte, aunque este privilegio no se utilizaba tanto como podría pensarse. En su lugar, la Corona permitía a los judíos conservar sus riquezas para poder gravarlas con impuestos y multas elevadas.

En el siglo XIII, esta asociación forzada entre los judíos y la Corona se deterioró. Los judíos se empobrecieron cada vez más debido a los fuertes impuestos de la Corona y pronto dejaron de ser una fuente de ingresos significativa para el rey. Sin los fondos que proporcionaban, se acabó toda pretensión de tolerancia. En 1290, Eduardo I promulgó el Edicto de Expulsión, expulsando a todos los judíos de Inglaterra. Esta decisión se mantuvo durante más de 360 años. No se permitió legalmente a los judíos volver a Inglaterra hasta 1657.

Si se ha estado preguntando por qué el cristianismo fue tan dominante en la Edad Media, probablemente ya se habrá dado cuenta de que se debe en gran parte a que no se toleraban otras religiones. Se quemaba a los herejes, se aniquilaba a los paganos y se expulsaba a los judíos. Sin embargo, como la mayoría de las cosas en la Edad Media, el cristianismo medieval es mucho más que eso. Las iglesias eran el centro de la vida comunitaria, y la fe y la piedad fueron la motivación de muchos de los mayores logros artísticos del periodo.

En el próximo capítulo, examinaremos más de cerca el papel de la Iglesia como institución.

Capítulo 12: El papel de la Iglesia: Iglesia y Estado

Puede ser difícil para nosotros en la época moderna comprender realmente lo central que era la Iglesia, no solo en la Inglaterra medieval, sino en toda Europa en la Edad Media. La Iglesia católica medieval era, con diferencia, la institución más poderosa de la Edad Media. Los reyes buscaban la aprobación de la Iglesia antes de invadir otros países.

Organización de la Iglesia

Una de las cosas que hizo que la Iglesia fuera tan eficaz a la hora de mantener y aumentar su poder fue su organización. El sistema jerárquico de la Iglesia le permitió ejercer eficazmente su poder sobre un área enorme.

La organización de la Iglesia católica medieval es muy sencilla. En el nivel más alto, estaba el papa. Bajo él estaban los cardenales, que eran los jefes administrativos de la Iglesia. Luego venían los arzobispos y obispos, que ejercían el control sobre una catedral y una región concretas. En el nivel más bajo, tenía a los sacerdotes que velaban por las parroquias y pueblos más pequeños.

Si nos fijamos específicamente en Inglaterra, la cúspide de la jerarquía eclesiástica estaba formada por los dos arzobispos, el de York y el de Canterbury. Sin embargo, el arzobispo de Canterbury estaba en realidad por encima del arzobispo de York en la escala eclesiástica y era el jefe de la Iglesia inglesa en la Edad Media.

Además de la clara estructura del clero, la Inglaterra medieval también contaba con bastantes instituciones monásticas. Estas existían junto al orden eclesiástico normal. Estaban dirigidas por abades o abadesas. Como eran organizaciones bastante autónomas e independientes, no había problemas significativos entre el poder y la estructura de la Iglesia y los monasterios.

Ahora bien, hemos dicho que una de las cosas que dio tanto poder a la Iglesia en la Edad Media fue su organización, pero ¿cómo puede ser eso? ¿Qué tenía de especial esta estructura escalonada? Más de lo que podría pensar. Guillermo el Conquistador intentó instituir una estructura muy similar en el sistema feudal para reforzar el poder del rey. Los diferentes niveles, todos ellos vinculados en última instancia a una autoridad central —en el caso de la Iglesia, era el papa, que obtenía su autoridad directamente de Dios—, servían tanto para unificar estrictamente como para ampliar el alcance del poder de la Iglesia.

Los niveles inferiores de la jerarquía (los sacerdotes) se aseguraban de que la Iglesia tuviera una amplia influencia. Los niveles superiores de la jerarquía se aseguraban de que todas las diferentes partes estuvieran en la misma página. En lugar de un mundo en el que cada Iglesia de cada pueblo hacía lo suyo, todos hacían lo mismo

En la época medieval, este nivel de burocracia era revolucionario. Recuerde que una de las razones por las que los reyes anglosajones se convirtieron al cristianismo fue porque vieron cómo un sistema así podía ampliar el alcance de su poder práctico. La propia Iglesia hizo esto mejor que nadie. En su apogeo, la Iglesia fue con diferencia la institución más poderosa del mundo occidental. Veamos más de cerca qué poderes tenía la Iglesia.

El poder de la Iglesia

Quizás el método más extremo que la Iglesia utilizó para guiar al mundo medieval fue la excomunión. La excomunión significaba ser expulsado de la Iglesia, pero era mucho más grave de lo que parece en un principio. Ser expulsado de la Iglesia significaba perder toda comunión con otros miembros de la Iglesia, que en esta época eran todos. La persona media que fuera excomulgada se enfrentaría a un grave aislamiento social, pero eso no era lo peor. La Iglesia era la autoridad de Dios en la Tierra. Ser expulsado de la Iglesia también significaba perder su lugar en el reino de Dios. Se estaría condenando su alma eterna al infierno, y eso era algo que poca gente estaba dispuesta a arriesgar.

La excomunión se utilizó incluso para mantener a los reyes a raya. En 1208, el rey Juan fue excomulgado por negarse a aceptar al designado por el papa para el cargo de arzobispo de Canterbury. Juan resistió durante cinco años, pero cedió en 1213. La excomunión no siempre empujó a los reyes a hacer lo que quería la Iglesia, pero fue una de las formas en que la Iglesia y el Estado se enfrentaron en este periodo.

El poder de la Iglesia también tenía una fuente mucho más mundana: el dinero. Entre los diezmos y las donaciones que recibía la Iglesia, era una institución muy rica, y en la Edad Media, al igual que hoy, el dinero era poder. Los sacerdotes y obispos ricos disfrutaban de estilos de vida fastuosos y de una enorme influencia, y el hecho de que pudieran excomulgar a la gente significaba que era prácticamente imposible delatar incluso a los más corruptos.

La Iglesia también tenía un nivel de jurisdicción en lo que ahora consideraríamos asuntos seculares. La legalidad de cosas como el matrimonio y el divorcio era manejada por la Iglesia y no por el estado. Recuerde que eran los sacerdotes quienes supervisaban los juicios por ordalía, y esos juicios dejaron de practicarse porque la Iglesia los proscribió. Tan respetada era la autoridad de la Iglesia en cuestiones de derecho que las personas que cometían delitos graves, como el asesinato, podían reclamar refugio en una Iglesia para escapar al castigo, al menos temporalmente. También había tribunales eclesiásticos en los que se podían plantear disputas, en lugar de acudir a un tribunal gubernamental.

Así pues, el poder de la Iglesia en esta época era muy real, y la Iglesia tampoco veía ningún problema en intervenir en asuntos que hoy consideraríamos estrictamente seculares. Tal situación produjo naturalmente conflictos.

La controversia Becket

La Iglesia y el Estado estaban bastante enredados en este periodo. Ambos actuaban como autoridades de gobierno sobre el pueblo de la Inglaterra medieval, y eso seguro que provocaba conflictos. Los reyes a menudo intentaban ocupar los cargos eclesiásticos con sus propios hombres para reducir este conflicto y reforzar su poder. Quizá nada ilustre mejor el conflicto entre el Estado y la Iglesia que la controversia Becket del siglo XII.

Thomas Becket comenzó siendo un amigo íntimo del rey Enrique II. Era un amigo tan íntimo que, en 1155, Enrique II lo nombró para el cargo más alto en Inglaterra bajo el rey: el de canciller de Inglaterra. Luego, siete años después de eso, en 1162, Enrique II vio la oportunidad de colocar a su íntimo amigo en una posición aún mayor. Thomas Becket fue nombrado arzobispo de Canterbury.

El nombramiento de Becket como arzobispo de Canterbury muestra mucho de lo que había ido mal en la Iglesia medieval. Becket no era un clérigo. Era un laico y un funcionario del gobierno. El arzobispo de Canterbury debería haber sido elegido, pero en su lugar, había sido nombrado por el rey. En el momento de su nombramiento, Becket también seguía siendo el canciller de Inglaterra, por lo que ahora ostentaba tanto el cargo eclesiástico más poderoso como un poderoso cargo gubernamental. Estaba claro que el rey quería a aquellos que le eran leales en puestos de poder, independientemente de si esos puestos eran eclesiásticos o políticos. La separación de la Iglesia y el Estado era inexistente.

Sin embargo, ese es solo el principio de la historia de Enrique II y Thomas Becket. El plan de Enrique II de colocar a su íntimo amigo en un alto cargo eclesiástico fracasó inesperadamente. Poco después de convertirse en arzobispo de Canterbury, Tomás Becket renunció a su cargo de canciller de Inglaterra. Era una clara señal de que Becket se inclinaba más hacia el lado eclesiástico que hacia el del rey, y la cosa no quedó ahí. Becket comenzó a oponerse a Enrique II, argumentando que el rey se había extralimitado en su autoridad al interferir en asuntos eclesiásticos.

La ironía de esta situación es difícil de pasar por alto. Thomas Becket, que había recibido su nombramiento como arzobispo de Canterbury porque el rey interfería en los asuntos de la Iglesia, le decía ahora a su otrora amigo íntimo que el rey debía mantener sus narices fuera de los asuntos de la Iglesia. Solo podemos imaginar la indignación de Enrique II. En cuanto a por qué exactamente Becket experimentó un cambio tan drástico, no lo sabemos. En un asunto de tal transformación personal, carecemos de pruebas históricas que lo expliquen. Lo único que sabemos es que Becket se tomó muy en serio su nueva postura.

La disputa que provocó la gran erupción entre Enrique II y Becket fue en torno a la delincuencia de los clérigos. El clero tenía derecho a ser juzgado exclusivamente por tribunales eclesiásticos y no por tribunales reales, independientemente del delito. Un sacerdote condenado por asesinato podía esencialmente escapar a la justicia del rey, transfiriendo su caso a un tribunal eclesiástico, donde recibiría un castigo menor. Incluso si un hombre era condenado por algo como violación o asesinato, los tribunales eclesiásticos probablemente solo lo despojarían de su cargo. Enrique II vio esto como un gran problema, y lo era más de lo que podemos imaginar a primera vista. Aunque no había tantos sacerdotes en Inglaterra, había un buen número de personas que entraban en la categoría del clero, aunque no estuvieran ordenados —alrededor de uno de cada seis hombres, de hecho. Como parte de su esfuerzo por establecer una ley y un orden más estrictos tras el periodo de la Anarquía (la guerra civil entre Esteban y Matilde), Enrique II quiso que los clérigos condenados por delitos graves en los tribunales eclesiásticos fueran entregados a los tribunales reales para su castigo.

A nosotros hoy, esto puede parecernos razonable, pero no a los obispos de Inglaterra ni a Thomas Becket. Entregar a los clérigos criminales a los tribunales reales para su castigo destruiría la base de la inmunidad clerical frente a los tribunales seculares. Desestabilizaría la libertad de la Iglesia frente a la autoridad del rey. Después de mucho conflicto, Enrique II presentó a los obispos de Inglaterra y a Becket las Constituciones de Clarendon, que incluían dieciséis cláusulas que tendrían que jurar que la Iglesia obedecería, entre las cuales estaba la idea de Enrique II para tratar con los clérigos criminales. Negarse rotundamente a aceptarla ya habría sido bastante malo, pero Becket fue un paso más allá. A pesar de sus reticencias, Becket convenció a todos los demás obispos para que firmaran las Constituciones de Clarendon junto con él. Becket cambió de opinión unos días después y se retractó de su juramento.

Enrique II estaba lívido, pero ahora, en lugar de perseguir a toda la Iglesia, perseguía a Tomás Becket. Enrique II creó cargos para condenar a Becket, pero este se negó incluso a escuchar el veredicto del consejo del rey porque era miembro del clero; no tenían derecho a juzgarlo. Becket huyó entonces del país, buscando seguridad en Francia.

Becket vivió en el exilio de 1165 a 1170, durante el cual hubo varios intentos de que el arzobispo de Canterbury y el rey de Inglaterra se reconciliaran. En última instancia, fue una cuestión de orgullo lo que hizo que Becket regresara a Inglaterra. En 1170, Enrique II hizo que el rival de Becket, el arzobispo de York, coronara a su hijo Enrique el Joven. Fue un insulto directo al cargo de Becket, y este aceptó finalmente regresar a Inglaterra, donde volvería a coronar a Enrique el Joven.

Tras regresar del exilio a un país en el que seguía siendo bastante impopular entre el gobierno, cabía esperar que Thomas Becket pasara desapercibido durante un tiempo, pero Becket parecía disfrutar haciendo lo inesperado. Inmediatamente después de regresar a Inglaterra, Becket excomulgó a algunos miembros del clero inglés, incluido el arzobispo de York. En un arrebato de ira ante esta noticia, Enrique II dijo algo que cuatro de sus caballeros se tomaron demasiado literalmente. Los relatos de lo que dijo Enrique exactamente varían. Algunos dicen que el rey preguntó: «¿Nadie me librará de este sacerdote problemático?» o «¿Nadie me librará de este sacerdote revoltoso?». Otros relatos dicen que Enrique II dijo: «¡Qué miserables zánganos y traidores he alimentado y promovido en mi casa que permiten que su señor sea tratado con tan vergonzoso desprecio por un empleado de baja estofa!».

Dijera lo que dijera, fue suficiente para cuatro de los caballeros presentes. Cabalgaron hasta la catedral de Canterbury e intentaron arrestar a Becket. Cuando este se negó, las cosas se les fueron de las manos. Becket fue asesinado en la catedral. Asesinar a un arzobispo en una Iglesia no es un buen movimiento publicitario. Independientemente de lo que la gente pudiera haber pensado sobre las acciones de Becket en vida, su muerte lo convirtió rápidamente en santo y mártir. La catedral de Canterbury se convirtió en uno de los destinos de peregrinación más populares no solo de Inglaterra, sino de toda Europa, y se decía que los restos de Becket, en particular su sangre, tenían propiedades curativas milagrosas. Enrique II incluso visitó el lugar del asesinato de su viejo amigo y tuvo que demostrar penitencia por su implicación en el mismo.

Representación de Enrique II y Thomas Becket[16]

La historia de Tomás Becket y Enrique II tiene bastante dramatismo e incluso algunos giros inesperados, pero lo que nos importa para nuestros propósitos es cómo muestra la tensión entre la Iglesia y el Estado en la época medieval. La Iglesia era esencialmente una entidad política, y tener dos órganos de gobierno político actuando dentro de una misma esfera está destinado a causar problemas. Las cuestiones de la autoridad eclesiástica frente a la real acabarían provocando que Inglaterra abandonara la Iglesia católica y estableciera la Iglesia de Inglaterra, en la que el jefe del Estado (el monarca) era también el jefe de la Iglesia.

Críticas a la Iglesia

Los reyes no eran los únicos que tenían problemas con la Iglesia católica medieval. Aunque la Reforma protestante no se pondría en marcha hasta el siglo XVI, ya había quienes cuestionaban la forma de actuar de la Iglesia.

El rey estaba molesto porque la Iglesia interfería con su autoridad, pero ¿por qué el ciudadano medio tenía problemas con la Iglesia? En pocas palabras, la corrupción era rampante. El poder y la riqueza que la Iglesia proporcionaba hacían que los cargos eclesiásticos fueran muy atractivos. Eran tan atractivos que la gente estaba dispuesta a comprar su entrada en ellos. Este acto, conocido como simonía, estaba oficialmente condenado, pero era bastante común. Otro problema importante era el nepotismo, que consistía en que los funcionarios eclesiásticos daban a sus parientes puestos prominentes.

La cosa no acaba ahí. La Iglesia también fue duramente criticada por vender indulgencias. Las indulgencias eran pagos que una persona podía hacer para disminuir su tiempo o el de un ser querido en el purgatorio. Era un negocio muy lucrativo. La gente pagaba bastante dinero para entrar en el cielo. Las indulgencias técnicamente no empezaron como un plan de «pague su entrada» al cielo. La primera indulgencia apareció con las cruzadas, ya que uno podía pagar por sus pecados participando en la guerra santa. Por desgracia, los funcionarios corruptos de la Iglesia no tardaron en ver el símbolo monetario, y las indulgencias se convirtieron rápidamente en un negocio para hacer dinero.

Inglaterra produjo uno de los críticos más famosos de la Iglesia medieval antes de Martín Lutero: John Wycliffe. Como mucha gente, Wycliffe se oponía a la inmensa riqueza que la iglesia controlaba y seguía obteniendo a través de prácticas como las indulgencias. Sostenía que la Iglesia debía renunciar a todas sus posesiones. Las ideas de Wycliffe despertaron el interés de algunos estadistas, en particular de Juan de Gante, que estaba descontento con la inmensa riqueza y el poder de la Iglesia.

La oposición de Wycliffe a la Iglesia se hizo aún más pronunciada y vehemente con el paso del tiempo. Argumentó en contra del derecho de santuario, que, en su opinión, impedía que se hiciera justicia. También atacó duramente la doctrina de la transubstanciación, creía firmemente en la predestinación y fue uno de los primeros en promover una traducción inglesa de la Biblia, todo lo cual se convertiría más tarde en aspectos clave de la Reforma protestante. Es seguro decir entonces que el descontento no solo con el poder de la Iglesia, sino también con parte de su doctrina, no comenzó con Lutero. Mucha gente en la época medieval era consciente de la corrupción de la Iglesia. Reyes como Enrique II no eran los únicos que pensaban que el poder de la Iglesia había ido demasiado lejos.

Si así fuera, ¿por qué hubo que esperar hasta el siglo XVI para que todo esto estallara en la Reforma? Tenemos que recordar que entonces no había alternativas a la Iglesia católica. Si uno no estaba de acuerdo con la Iglesia, no podía simplemente ir a otra Iglesia con la que sí estuviera de acuerdo. Y si uno intentaba separarse, lo excomulgaban o lo quemaban en la hoguera como hereje. La gente se tomaba muy en serio la idea del cielo y, más aún, del infierno. La gente no iba a arriesgarse a una eternidad de castigo por discrepar de la Iglesia. Incluso los reyes podían ser excomulgados. Teniendo esto en cuenta, es casi más sorprendente que la gente llegase a criticar a la Iglesia.

A finales del periodo medieval, la corrupción de la Iglesia había alcanzado su punto álgido, y no pasaría mucho tiempo antes de que Martín Lutero clavara sus *Noventa y cinco tesis* en una puerta en 1517. El gobierno inglés tampoco tardaría en hartarse de las injerencias de la Iglesia católica. Enrique VIII rompería con Roma en 1534, creando la Iglesia de Inglaterra, con el monarca inglés a la cabeza. Este nuevo sistema intentaría resolver el conflicto entre la Iglesia y el Estado, fusionando más estrechamente a ambos.

A pesar de todos sus problemas, la Iglesia católica medieval ejerció una enorme influencia durante mucho tiempo. Su organización y riqueza la convirtieron en una estructura que ni siquiera los reyes podían igualar. Se podría argumentar que, en la época medieval, era la Iglesia y no el gobierno la que realmente tenía más influencia en la vida de la gente.

Capítulo 13: Batallas clave que configuraron la historia medieval

Como ya hemos visto, la historia medieval estuvo llena de mucha violencia y batallas. Hemos mencionado de pasada muchas de estas batallas a lo largo de este libro, pero ¿qué batallas destacan como momentos clave de la historia inglesa?

Hay muchas más batallas importantes que tuvieron lugar en la Edad Media inglesa de las que tenemos tiempo de cubrir, así que echaremos un vistazo a solo cinco batallas que realmente dieron forma a la historia medieval. Estos son los enfrentamientos cuyos resultados se dejarían sentir a lo largo de los años en Inglaterra. Son significativos por su contribución tanto a la historia inglesa como a la militar.

La batalla de Edington (878)

Quizá le sorprenda saber que no empezamos con la conquista normanda y la batalla de Hastings. Aunque la batalla de Hastings ocupa el segundo puesto en nuestra lista de batallas clave, no podríamos perdonarnos el no incluir al menos una batalla del periodo anglosajón. Los anglosajones, después de todo, eran bastante buenos en todo el asunto de la guerra, y su éxito en esta batalla en particular tuvo enormes repercusiones para Inglaterra.

La batalla de Edington tuvo lugar en 878 entre las fuerzas del rey Alfredo de Wessex y los vikingos liderados por el rey Guthrum. Los vikingos habían invadido en gran número en 865 y, en los trece años transcurridos entre entonces y la batalla de Edington, habían logrado conquistar casi toda Inglaterra. Mercia y Wessex fueron los últimos reinos anglosajones en caer en manos de los vikingos. Según cuenta la historia, el rey Alfredo fue expulsado de su reino y se refugió en un pantano. Por suerte para Inglaterra, Alfredo estaba a punto de hacer un gran regreso.

Tras esconderse en los pantanos durante varios meses, Alfredo reunió una fuerza para desafiar a los vikingos en la primavera de 878. Los dos bandos se enfrentaron en algún momento de mayo cerca de la fortaleza de Chippenham, que era donde Alfredo había sido derrotado y obligado a huir varios meses antes. En la batalla propiamente dicha, los anglosajones utilizaron una formación de muro de escudos contra los daneses y, durante un largo día de lucha, desgastaron a los vikingos y los derrotaron. Los anglosajones habían obtenido una gran victoria, que resultó ser decisiva.

El acuerdo de paz que siguió poco después de la batalla, llamado el Tratado de Wedmore, hizo que Guthrum se convirtiera al cristianismo. Los daneses acordaron retirarse hacia el noreste y el este de Inglaterra, abandonando esencialmente Wessex. Este fue el establecimiento del Danelaw. Aunque Alfredo no pudo terminar el trabajo de expulsar a los vikingos por completo de Inglaterra, la batalla de Edington supuso un retroceso en la toma del poder por los vikingos que había comenzado en 865 con la llegada del *mycel hæþen here* (Gran ejército pagano).

Sin la victoria de Alfredo en la batalla de Edington, Inglaterra como nación quizá nunca hubiera llegado a existir. Esta batalla no solo detuvo y condujo al eventual retroceso de la conquista vikinga, sino que también dio inicio a la dinastía Wessex. Dado que Alfredo fue el único rey capaz de hacer retroceder a los vikingos, allanó el camino para el dominio de Wessex. Su nieto, Athelstan, se convirtió en el primer rey de los ingleses. Eso es más que suficiente para calificar la batalla de Edington como una batalla clave en la historia de Inglaterra.

La batalla de Hastings (1066)

A veces, las batallas más significativas en la historia de una nación son las derrotas. La batalla de Hastings en 1066 fue una derrota para los ingleses, y acabaría siendo un enorme punto de inflexión en la historia de la Edad Media.

Recapitulando un poco lo que hemos tratado en los primeros capítulos, en 1066, el soberano de Inglaterra, Eduardo el Confesor, murió sin descendencia, lo que creó una crisis sucesoria. Harold Godwinson se hizo con el trono, pero tendría que luchar por él, ya que muchas personas vieron en la falta de hijos de Eduardo el Confesor una oportunidad para reclamar el trono inglés.

Harold tuvo éxito al rechazar a sus primeros rivales: su propio hermano Tostig y el rey de Noruega, Harald Hardrada. Las fuerzas de Harold los derrotaron cerca de York en la batalla de Stamford Bridge. Traemos esto a colación porque la batalla de Stamford Bridge tuvo un impacto significativo en la más famosa batalla de Hastings. Guillermo de Normandía desembarcaría en Inglaterra solo tres días después de la victoria de Harold en Stamford Bridge, y la batalla de Hastings tuvo lugar unos diecinueve días después de Stamford Bridge. Además, la batalla de Stamford Bridge tuvo lugar cerca de York, en el norte, mientras que la de Hastings tuvo lugar en el extremo sur, cerca de, gran sorpresa, Hastings. Las fuerzas de Harold tuvieron que marchar primero desde Londres para ayudar a los condes del norte en York con la batalla de Stamford Bridge. Luego tuvieron que dar la vuelta y marchar de nuevo hacia el sur para enfrentarse a las fuerzas de Guillermo. Así pues, las fuerzas de Harold no estaban ni mucho menos frescas en la batalla de Hastings, y muchos historiadores consideran que la decisión de Harold de enfrentarse a las fuerzas de Guillermo tan pronto fue un error fatal.

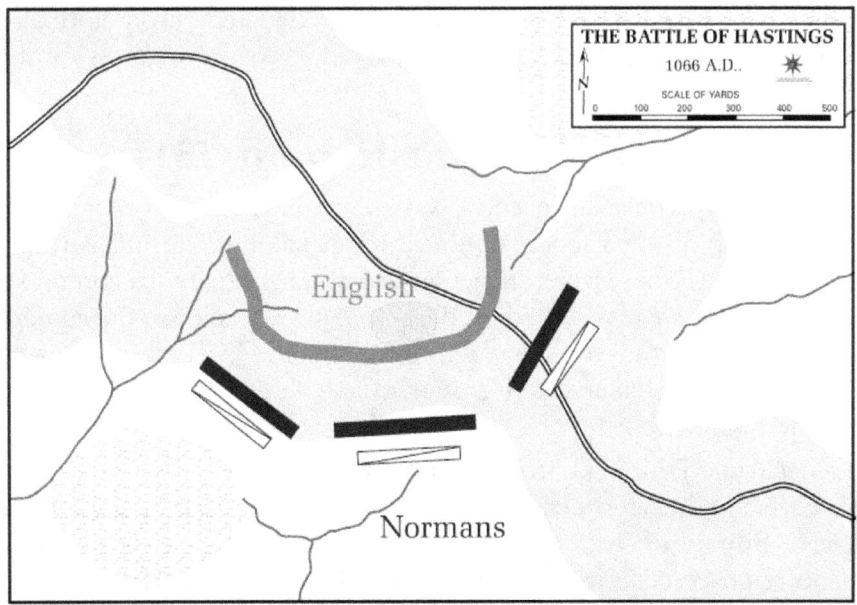

Un esquema básico de la batalla de Hastings[16]

Sin embargo, al comienzo del enfrentamiento real, no estaba nada claro que los normandos se llevaran la victoria. Las fuerzas de Harold mantenían una posición en lo alto de una cresta. Para que los normandos ganaran, necesitaban atacar y romper la línea inglesa. Para que los ingleses ganaran, necesitaban mantener la línea hasta que los normandos estuvieran exhaustos y se retiraran. Al principio, el muro de escudos de los ingleses pudo rechazar a la caballería normanda, pero su única oportunidad real era que los normandos se rindieran. No lo hicieron. Con el tiempo, la posición defensiva de los ingleses se fue desgastando por los repetidos asaltos normandos. En algún momento, Harold fue asesinado, al igual que sus dos hermanos. Sin líder, las fuerzas inglesas se dispersaron al caer la noche.

Tras la batalla de Hastings, Guillermo no se enfrentó a ninguna oposición seria a su invasión. Fue coronado Guillermo I en Londres el 25 de diciembre. La historia de la batalla de Hastings se contó una y otra vez. El famoso tapiz de Bayeux tiene incluso una representación pictórica de esta famosa batalla, mostrando cosas como los hombres con hacha ingleses enfrentándose a la caballería normanda. Desgraciadamente, todo este recuento también significa que existen varias versiones contradictorias que los historiadores se ven obligados a cribar. No conocemos todos los detalles, como por ejemplo cómo murió exactamente Harold, pero sí sabemos que la batalla de Hastings fue la clave de la conquista normanda, y no cabe duda de que el dominio normando provocó algunos cambios significativos para Inglaterra.

La batalla de Bannockburn (1314)

Los reinos de Escocia e Inglaterra se unieron bajo un solo rey en 1603, cuando Jacobo VI de Escocia se convirtió en Jacobo I de Inglaterra. Sin embargo, las naciones siguieron siendo dos estados separados con un solo monarca hasta las Actas de Unión de 1707, que las unieron oficialmente. ¿Qué tiene esto que ver con la historia medieval? Bueno, Escocia e Inglaterra podrían haberse unido mucho antes de no haber sido por la batalla de Bannockburn.

La batalla de Bannockburn fue la última batalla decisiva en un conflicto entre Escocia e Inglaterra conocido como las guerras de la Independencia escocesa. Eduardo I, conocido como el «martillo de los escoceses», había iniciado el proceso de intentar apoderarse de Escocia en 1296, y lo hizo bastante bien. Aunque, en gran parte debido a la película *Corazón valiente*, recordamos a William Wallace como la gran figura que condujo a los escoceses a la victoria en la batalla del puente de Stirling en 1297. Al cabo de un año, Eduardo I había derrotado a Wallace en la batalla de Falkirk. Durante los seis años siguientes, Inglaterra y Escocia lucharon encarnizadamente, pero en 1304, debido a maniobras diplomáticas más que a conflictos, Eduardo I había triunfado esencialmente. Los ingleses controlaban Escocia.

Los ingleses podrían haber mantenido su dominio sobre Escocia, de no ser porque Eduardo I murió en 1307. Tras su muerte, los escoceses rebeldes, liderados por Roberto I Bruce, comenzaron a hacer serios progresos, ganando batalla tras batalla y recuperando Escocia por la fuerza. Las cosas llegaron a un punto crítico en 1314 en Bannockburn.

El hijo de Eduardo I, Eduardo II, no podía quedarse de brazos cruzados mientras Roberto I Bruce recuperaba Escocia. En 1314, invadió Escocia y se enfrentó a las fuerzas de Bruce. El propósito de la invasión era llevar alivio al castillo de Stirling, que era la única fortaleza inglesa que quedaba en Escocia y que no se había rendido a Roberto I Bruce. Sin embargo, cuando las fuerzas de Eduardo II llegaron, los escoceses los estaban esperando.

Los combates duraron dos días, en los que ambos bandos se detenían por la noche. Como los ingleses contaban con una fuerza mucho mayor, la batalla fue una horrenda derrota para los ingleses y una asombrosa victoria para los escoceses. La infantería escocesa había superado a la caballería inglesa. La batalla de Bannockburn fue el final práctico de las guerras de Independencia escocesas, aunque la independencia de Escocia no fue reconocida formalmente por Inglaterra hasta 1328.

Además de su importancia tanto en la historia escocesa como en la inglesa, la batalla de Bannockburn también tiene trascendencia por su contribución a la historia militar. El éxito de la infantería aquí contribuyó a alterar la guerra medieval, de modo que la infantería, más que la caballería, empezó a tener más importancia en el campo de batalla. Este fue el principio del fin de la era de los caballeros a caballo, y nuestra siguiente batalla, que tuvo lugar unos cien años más tarde, solo aceleraría esa desaparición.

La batalla de Azincourt (1415)

Obviamente, este capítulo se centra en las batallas que dieron forma a la historia medieval inglesa, y aunque la batalla de Azincourt sin duda encaja en los criterios, Azincourt también tiene mucha importancia en la historia militar en general. La batalla de Bannockburn había demostrado el poder de la infantería, pero fueron los acontecimientos de esta batalla los que hicieron sonar la quilla de la muerte del caballero medieval de brillante armadura.

Si sabe algo sobre la batalla de Azincourt, probablemente sabrá que fue una victoria asombrosa para los ingleses, tanto que casi ha adquirido un carácter mítico en la historia inglesa. La batalla de Azincourt es el gran clímax de la obra de Shakespeare *Enrique V*. Durante la Segunda Guerra Mundial, esa obra y la batalla de Azincourt fueron representadas en una película, con el famoso actor Laurence Olivier en el papel principal, como parte de un esfuerzo por mantener la moral británica. Más de quinientos años después de que ocurriera, Azincourt seguía siendo una batalla que engrosaba el orgullo inglés. Fue su gran triunfo. Sin embargo, nadie antes de la batalla habría imaginado que ese sería el resultado.

La batalla de Azincourt tuvo lugar en Francia durante una de las campañas de Enrique V en la guerra de los Cien Años. La campaña comenzó cuando Enrique V desembarcó en Normandía en agosto de 1415. Enrique V sitió entonces la ciudad de Harfleur. Aunque consiguió capturar la ciudad, el asedio había durado más tiempo y había sido mucho más costoso de lo que Enrique V había esperado. En octubre, Enrique V y sus fuerzas se dirigieron a Calais, un puerto en poder de los ingleses, donde podría zarpar de vuelta a Inglaterra. Por desgracia para ellos, los ingleses fueron incapaces de cruzar el río Somme y llegar a Calais antes de ser interceptados por las fuerzas francesas. Las probabilidades no estaban decididamente a su favor. Aunque las cifras exactas son objeto de debate, los franceses tenían una ventaja numérica segura sobre los ingleses en Azincourt. El ejército de Enrique V contaba con unos cinco mil o seis mil hombres, y se dice que el ejército francés tenía entre veinte mil y treinta mil. Aunque esto puede ser una exageración, incluso los historiadores más escépticos sitúan al ejército francés en torno a los doce mil, el doble que el inglés. Además de su desventaja numérica, los ingleses también estaban exhaustos. Habían librado un asedio de seis semanas en Harfleur y luego habían marchado duramente para llegar a Calais. Las cosas no pintaban bien.

Para enfrentarse a los franceses, Enrique V situó a su ejército en un campo delimitado a ambos lados por bosques. Los arqueros se colocaron en cuñas a ambos lados de los demás soldados. Esta formación era crucial, ya que servía para contrarrestar la ventaja numérica francesa. El estrecho frente limitaba el número de hombres que los franceses podían lanzar eficazmente contra los ingleses a la vez e imposibilitaba que estos los rodearan. A los ingleses también les ayudó el tiempo. El clima lluvioso había convertido el campo en un lodazal, lo que ralentizó el avance de los caballeros franceses, dando a los arqueros ingleses mucho más tiempo para abatirlos.

La primera oleada de caballeros franceses fue incapaz de arrollar y dispersar a los arqueros ingleses como necesitaban, en parte porque a los arqueros ingleses se les había ocurrido la idea de clavar estacas afiladas en ángulo en el suelo para protegerse de la embestida de los caballeros franceses. Cuando llegó entonces la segunda oleada de caballeros, hicieron más mal que bien al esfuerzo francés. Los franceses se apiñaron demasiado para maniobrar y la batalla empezó a favorecer en gran medida a los ingleses. Para cuando llegó la tercera oleada de franceses, entre los cadáveres y el barro revuelto, todo estaba demasiado desordenado para que pudieran siquiera atacar o escapar de la lluvia de flechas inglesas. Los ingleses terminaron la batalla rápidamente. Los informes dicen que, en total, la batalla de Azincourt solo duró entre media hora y tres horas.

Azincourt debilitó significativamente la posición militar francesa. Enrique V pudo seguir su victoria con más éxitos, y en 1420, estaba comprometido con la princesa francesa, Catalina, y había sido nombrado heredero al trono francés.

Además de ser una importante victoria inglesa en la guerra de los Cien Años, Azincourt había sido también una victoria del arquero inglés sobre el caballero a caballo. Las tácticas de guerra ya habían empezado a evolucionar, como vimos con la batalla de Bannockburn, y Azincourt, las impulsó aún más. El caballero medieval pronto sería una figura que se encontraría más en los cuentos de hadas y los romances que en el campo de batalla.

La batalla de Bosworth (1485)

Hablando en términos de la monarquía y el gobierno de la Edad Media, la batalla de Bosworth fue el conflicto que puso punto final al periodo medieval e inició a Inglaterra en un nuevo camino.

El último enfrentamiento de las infames guerras de las Dos Rosas, la batalla de Bosworth, fue una batalla entre las fuerzas de Ricardo III y Enrique Tudor. Las fuerzas de Ricardo y Enrique se enfrentaron el 22 de agosto de 1485. Como muchas de las batallas de esta lista, fue el bando que inicialmente parecía estar en desventaja el que finalmente se llevó la victoria. Las fuerzas de Enrique Tudor estaban superadas en número y dirigidas por un joven inexperto en la batalla. Ricardo III no solo contaba con superioridad numérica, sino que también era un veterano curtido en batalla de las guerras de las Dos Rosas. Si los dos monarcas llegaban a encontrarse en el campo de batalla, había pocas dudas sobre quién saldría airoso del encuentro.

Afortunadamente para Enrique Tudor, Ricardo III nunca lo alcanzó, por lo que no se produjo ningún combate cuerpo a cuerpo entre ambos. A pesar de su superioridad numérica, el ejército de Ricardo III fue derrotado, y el propio Ricardo murió en la batalla. La victoria de Enrique se debió, al menos en parte, a las fuerzas de los hermanos Stanley. Estos dos lores ingleses habían comprometido sus fuerzas tanto con Enrique como con Ricardo. Las fuerzas de Thomas Stanley permanecieron neutrales durante toda la batalla, pero William Stanley finalmente se unió a Enrique en un momento clave, inclinando la batalla a favor del futuro rey Tudor. Aunque muchos ven las acciones de los Stanley como una prueba de la naturaleza tiránica de Ricardo III, también muestra lo sangrienta e inestable que las guerras de las Dos Rosas habían convertido a Inglaterra. Los hombres eran reacios a unirse a uno u otro bando en este choque de reyes hasta que quedara claro un vencedor, porque elegir al equivocado era a menudo un error fatal.

Y la batalla de Bosworth fue verdaderamente un enfrentamiento entre reyes. Aunque no se enfrentaron directamente, tanto Ricardo III como Enrique Tudor habían calificado la batalla como una especie de prueba por combate. El bando que saliera vencedor sería el que Dios favoreciera. Ellos tendrían el derecho divino al trono. Era una batalla que todos parecían entender que sería decisiva incluso antes de que comenzara.

Con estas apuestas, no es de extrañar que tras perder la batalla de Bosworth, Ricardo III haya pasado a la historia como uno de los reyes más infames de la historia inglesa. Aun así, la historia también registra que Ricardo III luchó valientemente en Bosworth. En contexto, aquella famosa frase de Shakespeare, «¡Mi caballo! ¡Mi caballo! Mi reino por un caballo!» no es Ricardo buscando huir, sino más bien su deseo de volver a la carga en la batalla. Ricardo III lo había apostado todo en la batalla de Bosworth, y cuando perdió, no solo perdió su vida sino, también su legado.

Ricardo III fue el último monarca inglés muerto en batalla, un hecho que demuestra mucho sobre el por qué esta batalla fue tan significativa. La muerte de Ricardo III supuso el fin de la dinastía Plantagenet, un linaje cuya grandeza había estado ligada, en muchos aspectos, a sus habilidades marciales. Los grandes de los Plantagenet eran poderosos guerreros: Ricardo Corazón de León, Eduardo el martillo de los escoceses y Enrique V, el héroe de Azincourt. Los malos reyes Plantagenet fueron aquellos que fracasaron en ganar batallas: El rey Juan, Eduardo II y Enrique VI.

Cuando Ricardo III murió en Bosworth, ese legado terminó. Los monarcas Tudor no se definirían por la guerra del mismo modo que lo habían hecho los Plantagenet. Irónicamente, la batalla de Bosworth comenzaría a empujar a Inglaterra por un camino menos centrado en la guerra. Fue tanto una culminación como un final de la guerra de la Edad Media.

Capítulo 14: El mito medieval

Cuando oye la palabra mito, ¿en qué piensa? ¿Se imagina a los muchos dioses y diosas del mundo grecorromano? ¿Piensa en historias de héroes embarcados en audaces búsquedas? ¿Piensa en cuentos del folclore con sus múltiples versiones y sus claras moralejas?

¿Qué es un mito? Es una pregunta más difícil de responder de lo que uno podría pensar en un principio. Asociamos muchas cosas diferentes con esa pequeña palabra. ¿Es un mito una creencia religiosa, o es simplemente una historia? ¿Es una forma que tiene la gente de explicar el mundo que los rodea, o es simplemente un entretenimiento? ¿Qué antigüedad debe tener una historia para ser considerada un mito? Hay muchas preguntas que se interponen en nuestra definición de mito.

Sin embargo, ese es un debate para un libro con un enfoque más académico. Lo que nos importa para este libro es que los mitos pueden abarcar una amplia gama de cosas. Así pues, en este capítulo no solo hablaremos de dioses. Nos ocuparemos de las leyendas, epopeyas, cuentos e historias que componían el mundo del mito medieval inglés.

La leyenda artúrica

Antes de examinar algunos de los temas y realidades generales que influyeron en el mito medieval, empecemos por el mito más famoso de la Inglaterra medieval: la leyenda artúrica. Si algún mito medieval inglés ha sobrevivido a través de los tiempos, ese es la leyenda del rey Arturo. Como la mayoría de los mitos, existen muchas variaciones e historias diferentes en torno al rey Arturo. Además del propio rey Arturo, la leyenda artúrica contiene muchos otros elementos y personajes míticos famosos como el mago Merlín, la espada Excalibur, los caballeros de la Mesa Redonda, la Dama del Lago y muchos más. La leyenda artúrica es el mito británico más famoso que se conserva, y es una de las pocas leyendas que asociamos específicamente con Gran Bretaña. Sin embargo, esta historia, aunque es británica, en realidad no es inglesa.

El rey Arturo fue originalmente un héroe celta, y puede que fuera una persona real. Como aprendimos al principio de este libro, cuando los romanos abandonaron Gran Bretaña, los anglosajones la invadieron. Los habitantes celtas de la isla fueron expulsados. Sin embargo, los registros históricos hablan de una increíble victoria celta sobre los invasores anglosajones: la batalla de Badon. Los textos más antiguos que mencionan Badon no nombran a Arturo, pero en el siglo IX, la *Historia Brittonum* de Nennio nombra a Arturo como el líder celta y le atribuye la victoria. Esta parece ser la mención más antigua de Arturo, aunque otro texto de alrededor de esta época, los *Annales Cambriae*, también menciona a Arturo. La leyenda solo creció a partir de ahí, gracias en gran parte a los escritos de Geoffrey de Monmouth en el siglo XII, que llegaría a ser conocido como el padre de la tradición artúrica.

Arturo dirigiendo el ataque en el monte Badon
(una ilustración para la obra «Lancelot y Ginebra» de Tennyson)[17]

Entonces, ¿significa eso que Arturo existió? Está lejos de ser cierto. Aunque tanto Nennio como Geoffrey de Monmouth afirmaban estar escribiendo historias, ambas obras valoran claramente más la narración que la exactitud histórica. Además, la batalla de Badon tuvo lugar en torno al año 450, y Nennio, que fue de nuevo el primero en nombrar a Arturo, no escribió su relato hasta unos cuatro siglos después. Ni siquiera estamos seguros de que la batalla en sí tuviera lugar. Lo que sí sabemos es que, tanto si empezó siendo una persona real como si no, el rey Arturo pronto dejó de serlo.

Las historias protagonizadas por Arturo abundaban en las tradiciones orales de la Edad Media y, con el tiempo, algunos escritores medievales llevaron la leyenda al papel. Chrétien de Troyes (un escritor francés) añadió relatos de caballería y romance a la leyenda, pero a quien debemos agradecer la mayor parte de nuestras ideas modernas sobre el rey Arturo es a sir Thomas Malory, que escribió *La muerte de Arturo* (*Le Morte d'Arthur*), un libro que recopilaba muchos de los relatos en una sola historia, en 1485.

La leyenda del rey Arturo es, por tanto, un mito verdaderamente medieval en cuanto a su época de desarrollo. Aunque la batalla de Badon tuvo lugar un poco antes del periodo medieval, las historias sobre Arturo se contaron por primera vez y luego se escribieron en la Edad Media, y el escenario de las historias se modificó para adaptarlo al periodo en el que se contaron y no al periodo en el que Arturo pudo haber vivido.

El hecho de que pensemos en Arturo como la quintaesencia de lo británico, cuando originalmente se lo celebraba por vencer a los anglosajones, nos muestra algo que hacía únicos a los mitos británicos e ingleses de la Edad Media. Había mucha mezcla. La pequeña isla de Gran Bretaña había sido conquistada y colonizada por tantos pueblos diferentes que albergaba mitos celtas, cristianos y germánicos al mismo tiempo. Arturo es un mito celta. Ahora, dirijamos nuestra atención al mito anglosajón más famoso de este periodo.

Beowulf

Justo detrás de Arturo, en cuanto a notoriedad, se encuentra el poema épico en inglés antiguo *Beowulf*, que narra la historia de su héroe titular. La historia de Beowulf parece tener lugar alrededor del siglo VI. Sin embargo, no estamos seguros de cuándo se escribió el poema por primera vez. Se conserva un manuscrito de alrededor del año 1000, pero algunos eruditos creen que pudo ponerse por escrito hasta doscientos años antes. Al igual que otras poesías y cuentos de su época, es probable que *Beowulf* existiera en la tradición oral mucho antes de que fuera compuesto oficialmente por un autor desconocido.

Beowulf es famoso por ser una de las primeras obras literarias en inglés antiguo, y también resulta ser la epopeya europea más antigua que conocemos. Sin embargo, aunque es famoso por haber sido escrito por primera vez en inglés antiguo, *Beowulf*, al igual que la leyenda artúrica, no es exactamente inglés. Se trata de un relato escandinavo. En la primera mitad del poema, Beowulf ayuda a Hrothgar, el rey de Dinamarca, matando a dos monstruos que han estado aterrorizando a los daneses. En la segunda mitad, Beowulf se convierte en el rey de Geatland, que era una zona en lo que hoy es el sur de Suecia.

Beowulf forma parte entonces de una cultura más germánica que llegó a Inglaterra con los anglosajones a principios de la Edad Media. En la historia también podemos ver la influencia del cristianismo. A diferencia de los héroes de antiguas epopeyas como la *Odisea*, la *Ilíada* y la *Eneida*, Beowulf pasa todo su tiempo luchando contra monstruos, puras encarnaciones del mal, y no contra hombres. Incluso así, el tono de *Beowulf* es mucho más sombrío. La historia termina con un Beowulf envejecido que resulta herido de muerte en su lucha contra un dragón. El clásico héroe guerrero está ahí, pero *Beowulf* también conlleva una sensación de melancolía que no está presente en otras epopeyas antiguas. Refleja las tensiones de una cultura que glorificaba la guerra al tiempo que valoraba las doctrinas del cristianismo.

Con influencias tanto celtas como germánicas, así como la siempre presente influencia del cristianismo, el mito en la Inglaterra medieval procedía de diversas fuentes. Hay pocos cuentos de este periodo que sean puramente «ingleses». Sin embargo, existe una colección de cuentos escritos en la Baja Edad Media que sí ostentan ese título.

Los cuentos de Canterbury

Los cuentos de Canterbury fue un libro escrito por Geoffrey Chaucer a finales del siglo XIV. Sigue el viaje de treinta peregrinos que se dirigen a visitar el santuario de Thomas Becket en la catedral de Canterbury. Por el camino, participan en un concurso de relatos, y el libro es sobre todo una recopilación de los diversos cuentos que relatan los peregrinos. Hay veinticuatro cuentos, pero el libro está incompleto. Chaucer tenía planes para muchos más cuentos.

Los cuentos de Canterbury pueden estar más cerca de la literatura que de un mito. A diferencia de la leyenda artúrica y de *Beowulf*, *Los cuentos de Canterbury* se escribieron primero y no como una historia popular que solo se puso por escrito más tarde. Sin embargo, muchos de los cuentos incluidos están tomados, al menos parcialmente, de otras fuentes, por lo que, aunque Chaucer los modificó y escribió en el siglo XIV, algunas de las historias eran mucho más antiguas.

Otra razón por la que *Los cuentos de Canterbury* son un importante ejemplo del mito inglés es por su enorme variedad. La colección incluye una gran variedad de relatos, desde humor crudo hasta piedad, tragedia y fábulas. Una de las razones por las que tiene tanta variedad es que Chaucer incluyó muchas clases diferentes de personajes en su relato. Hay un caballero, una monja, un monje, un molinero, un médico, un marinero y muchos otros que forman el grupo de treinta peregrinos, y todos ellos cuentan una historia que encaja con su posición. El libro es, por tanto, un excelente ejemplo de muchos tipos diferentes de relatos medievales. Puede leer *Los cuentos de Canterbury* y hacerse una idea general de los tipos de historias que contaba la gente en esta época.

Los cuentos de Canterbury también son importantes en la historia de la cultura inglesa. Tras la conquista normanda, el francés se convirtió en la lengua preferida de los poderosos, y el inglés (en esa época utilizaban el inglés medio) quedó reducido a ser visto como una lengua menor utilizada por los campesinos. Chaucer, sin embargo, escribió *Los cuentos de Canterbury* en inglés medio, no en francés, y fue una de las primeras obras de la literatura verdaderamente inglesa gracias a ello. Entre *Beowulf* y *Los cuentos de Canterbury*, el periodo medieval es enormemente importante por cómo convirtió los mitos e historias ingleses en literatura. Es el periodo en el que los relatos escritos empezaron a ganar popularidad, aunque aún pasaría mucho tiempo antes de que superaran a la tradición oral.

Folclore medieval

Hablando de tradición oral, la mayoría de la gente en la época medieval era analfabeta, por lo que contar historias en voz alta era la forma en que se transmitían la mayoría de los mitos y cuentos. El folclore medieval se refiere específicamente a las historias europeas que fueron populares entre los siglos V y XVI aproximadamente.

Existe una inmensa variedad de cuentos que entran en la categoría de folclore medieval, y hay una larga historia de eruditos que han intentado ordenarlos y categorizarlos. La principal razón de la dificultad es la naturaleza oral del folclore. Mientras que la leyenda artúrica, *Beowulf* y *Los cuentos de Canterbury* tienen todas piezas famosas de literatura asociadas a ellas, los cuentos folclóricos no se escribieron extensamente hasta alrededor del siglo XIX. Como eran puramente orales, los cuentos variaban de un lugar a otro e incluso de un relato a otro. Contar un cuento folclórico no era solo una cuestión de recitación. Era una representación. Los narradores alteraban la fórmula básica para públicos y escenarios concretos. Todo ello da lugar a muchos cuentos diferentes y a distintas versiones del mismo cuento.

Para intentar dar sentido a toda esta variedad, los folcloristas han desarrollado diferentes categorías para describir algunos de los tipos generales de cuentos de este periodo. He aquí algunos de los tipos de cuentos que puede haber oído de la Edad Media:

- Cuentos de animales: ¿Recuerda las fábulas de Esopo? Los cuentos con animales que actúan como humanos existen desde hace mucho tiempo, y estas fábulas solían enseñar lecciones morales.
- Anécdotas y chistes: Al igual que hoy, los medievales disfrutaban con un buen chiste. Había muchas historias sobre esposas infieles y maridos estúpidos.
- Cuentos del ogro tonto: Eran historias sobre seres sobrenaturales que son superados por el protagonista de la historia.
- Cuentos religiosos y realistas: Estos cuentos solían tener escenarios contemporáneos y una fuerte moral cristiana.
- Cuentos mágicos: Como su nombre indica, estos cuentos tienen magia e incluyen muchos cuentos de hadas populares que han sobrevivido hasta nuestros días, como Cenicienta y Rapunzel. La versión medieval de la mayoría de estos cuentos es mucho más oscura que las versiones para toda la familia que hizo Disney.

Estas variedades permiten hacerse una idea de cuántos tipos de cuentos había, y, aun así, no lo abarcan todo. *Los cuentos de Canterbury* tienen buenos ejemplos de muchos de los diferentes tipos.

Hasta ahora, en este capítulo, nos hemos centrado bastante en las diferentes historias que comprometían al mito medieval, pero otro aspecto de los mitos medievales son las criaturas fantásticas que a menudo aparecían en las historias y que, para muchas personas de la Edad Media, también podían estar acechando a la vuelta de una esquina en el mundo real.

Hadas y monstruos

Hemos mencionado brevemente en el capítulo sobre religión que mucha gente en Inglaterra creía firmemente en la existencia de las hadas y otros espíritus. Sin embargo, no se trataba de las simpáticas criaturas diminutas que visten ropas hechas de hojas y esparcen polvo de hadas. Las hadas medievales eran de una raza diferente. Eran seres malévolos a los que había que complacer o le jugarían malas pasadas.

Tomemos como ejemplo a Puck o Robin en Bueno. En *El sueño de una noche de verano* de Shakespeare, Puck es una figura traviesa y juguetona, pero Shakespeare la escribió durante el Renacimiento. En la época medieval, sin embargo, «puck» podía significar diablo. Un puck no era un ser divertido, sino un espíritu maligno. Se creía que las hadas eran demonios. Tras la difusión del cristianismo, una explicación decía que las hadas eran ángeles caídos que habían quedado atrapados en la tierra. Eran criaturas eternamente malditas y malévolas, y la gente de la Inglaterra medieval se las tomaba muy en serio. A la gente ni siquiera le gustaba pronunciar la palabra hadas y a menudo se referían a ellas como la gente pequeña.

Había muchos tipos diferentes de hadas. Un tipo era un *will-o'-the-wisp* (fuego fatuo), que tomaba la forma de una luz resplandeciente que llevaba a la gente por el mal camino. Podían hacer que uno se perdiera o incluso llevarlo a la muerte en un pantano. Otro tipo eran los *brownies*, que hacían las tareas domésticas si eras amable con ellos. Las *banshees* eran presagiadoras de la fatalidad y los duendes nunca eran buenas noticias. Para la mente medieval, la campiña inglesa estaba llena de seres mágicos.

La creencia en las personitas en Inglaterra era tan fuerte que no se ha extinguido del todo. Hubo informes de avistamientos de hadas incluso en el siglo XX. En las islas británicas, la gente pequeña es algo más que cuentos. Forman parte de la cultura de la región.

Además de hadas y espíritus, los cuentos y la literatura medievales también contaban con bastantes monstruos fantásticos. Los bestiarios de la época eran libros llenos de imágenes de diversos animales, algunos reales y otros míticos. Incluso los animales reales a veces parecían míticos, ya que la gente de Inglaterra intentaba representar animales de tierras lejanas que nunca habían visto. Los delfines tenían caras humanas, pero con la boca en la zona del torso. A continuación presentamos algunas de las criaturas más conocidas y también algunas de las más extrañas de la época:

- Pegaso: El Pegaso es un caballo alado originario de la mitología griega y romana.

- Dragón: El dragón es la bestia suprema. Está relacionado con las serpientes y, por tanto, también con el diablo. Los dragones en la mitología medieval son puramente malignos.

- Manticora: Una manticora es una bestia con cuerpo de león, cabeza de hombre y cola de escorpión. Se dice que procedían de los alrededores de la India y Persia.

- *Merknight*: Habrá oído hablar de las sirenas, pero en la época medieval también había *merknights* y sirenos, que son exactamente como suenan. Su mitad inferior es un pez y la superior un hombre con armadura.

- Monje marino: Se decía que estas extrañas criaturas tenían cuerpo de pez y cabeza de monje, con la cabeza rapada y un anillo de pelo. Esto puede haber estado describiendo a las focas.

- Onocentauro: Una criatura con cabeza de asno y cuerpo de hombre. Parece que, después de todo, Shakespeare no fue quien inventó esa extraña creación en *El sueño de una noche de verano*.

- Blemio: Un monstruo con cuerpo de hombre, pero sin cabeza y con la cara en el pecho.

Estos son solo algunos ejemplos de las muchas y variadas bestias del mito medieval. Van desde las clásicas que siguen apareciendo en las historias de hoy en día hasta las francamente extrañas. Dado que la gente medieval sabía muy poco sobre el mundo más allá de su área local, les resultaba muy fácil creer que estas criaturas existían en alguna parte. Puede parecer una locura, pero si lo piensa, una jirafa y un elefante pueden sonar míticos para alguien que nunca ha visto uno.

Así pues, el mito inglés de la Edad Media estaba lleno de muchas criaturas y magia, que es lo que generalmente nos imaginamos cuando pensamos en los cuentos medievales. Sin embargo, no todas las historias veían a Beowulf luchando contra un dragón o a Arturo recibiendo la espada de la Dama del Lago. Había fábulas, chistes, historias religiosas y mucho más. Además, los mitos medievales siguen teniendo impacto en la actualidad. Aunque ya no nos preocupe tanto ofender a la gente pequeña, muchos de los cuentos de hadas que contamos hoy a nuestros hijos son versiones de historias que se originaron en la Edad Media. Han cambiado muchas cosas, pero seguimos disfrutando de muchas de las mismas historias que disfrutaban los medievales.

Capítulo 15: Medicina medieval

Mucha gente es culpable de romantizar en exceso no solo la Edad Media, sino casi cualquier época pasada de la historia. Probablemente, lo hacemos porque somos muy conscientes de nuestros problemas en la actualidad. Sin embargo, si hay un avance social al que ni siquiera la persona más chapada a la antigua quiere renunciar, tiene que ser la medicina moderna. No morir es algo que todo el mundo puede apoyar, y gracias a cosas como las vacunas, la anestesia, el descubrimiento de los gérmenes, los antibióticos y muchos más avances, sus posibilidades de recuperarse de una enfermedad hoy en día han mejorado significativamente.

¿Cómo era el mundo antes de la medicina moderna? La primera vacuna, que fue para la viruela, no se desarrolló hasta 1796. El primer antibiótico fue la penicilina, y no se la descubrió hasta 1928. Ni siquiera supimos que los gérmenes causaban enfermedades hasta 1861. Muchas de las cosas que consideramos sellos distintivos de la medicina aún estaban a cientos de años de distancia en la Edad Media, así que ¿qué hacían entonces? ¿Cómo entendían la salud y qué hacían si alguien enfermaba?

Los humores

Muchas de las ideas medievales sobre la salud humana procedían de las antiguas sociedades griega y romana. Una de las grandes ideas de la medicina griega que tuvo una gran influencia en la medicina medieval fueron los cuatro humores.

Se trataba de una teoría desarrollada por Hipócrates. Decía que el cuerpo humano constaba de cuatro humores (fluidos), que eran la bilis amarilla, la flema, la bilis negra y la sangre. Estos cuatro humores estaban controlados por los cuatro elementos: fuego, agua, tierra y aire. Se creía que la enfermedad era el resultado de un desequilibrio de estos cuatro fluidos. Tener demasiada bilis negra te hacía melancólico, la flema te hacía flemático, la bilis amarilla te hacía colérico y la sangre te hacía sanguíneo.

Así pues, la sangría era un tratamiento medicinal habitual porque se creía que purgar el cuerpo del exceso de sangre restablecería el equilibrio. Este procedimiento se realizaba a menudo mediante cortes, pero también se podía drenar la sangre utilizando sanguijuelas. Si la sangre no era el problema, los médicos también podían sugerir determinados alimentos para restablecer el equilibrio del humor corporal.

Los humores iban más allá de mantener la salud. También se creía que afectaban a la personalidad y se clasificaban en función del calor y la humedad.

- Bilis negra: Fría y seca
- Flema: Fría y húmeda
- Bilis amarilla: Caliente y seca
- Sangre Caliente y húmeda

El equilibrio de los humores en el cuerpo de una persona cambiaba con su edad, las estaciones del año e incluso su sexo. Por ejemplo, se consideraba que los jóvenes eran cálidos y húmedos y, por tanto, tenían más sangre, mientras que se pensaba que las personas mayores eran frías y secas, por lo que tenían más bilis negra. El equilibrio de los humores en una persona podía tener un gran impacto en su temperamento. Se creía que la bilis amarilla hacía a una persona valiente, pero demasiada flema hacía a la gente cobarde.

La creencia y la confianza en la idea de los cuatro humores persistieron hasta bien pasada la Edad Media. El énfasis en el impacto de los humores sobre las emociones y la personalidad de una persona se acentuó aún más en el Renacimiento. La teoría de los humores no cayó en desgracia hasta que fue sustituida por la teoría de los gérmenes en el siglo XIX.

Diagnóstico y tratamiento

Puede que los médicos medievales se equivocaran sobre las causas de las enfermedades, pero se tomaban muy en serio la observación de los síntomas de sus pacientes. Los médicos medievales eran expertos en diagnóstico. Determinaban la dolencia de una persona escuchando a sus pacientes, observando, sintiendo el pulso y tomando muestras de orina.

Las muestras de orina eran quizá el método más común de diagnóstico, hasta el punto de que el frasco de orina era el símbolo del médico medieval. Aunque los médicos medievales no podían hacer pruebas de laboratorio en la orina como hoy, sí la examinaban visualmente para determinar un diagnóstico.

Un médico examinando un frasco de orina. Pintura del siglo XVII[18]

Una vez efectuado el diagnóstico, ¿cómo trataban los médicos medievales a sus pacientes? Aunque se utilizaban algunos procedimientos como la sangría, la principal forma de tratamiento era la medicina herbal. Se podían obtener estos medicamentos de un médico o de los monjes de un monasterio, pero en las zonas rurales, a menudo se acudía a un herborista local.

Al igual que la teoría de los cuatro humores, gran parte de lo que los medievales sabían sobre las plantas medicinales procedía de los antiguos. El *De materia medica,* escrito por el griego Dioscórides, fue un libro muy influyente que describía el uso de cientos de plantas.

Sin embargo, los medievales no confiaban únicamente en lo que habían aprendido de los antiguos. Los monasterios albergaban jardines en los que se cultivaban importantes plantas medicinales. Además de cultivarlas, los monjes también experimentaban para aprender más sobre los usos de estas plantas. Sin embargo, aunque estaban interesados en qué usos tenían determinadas plantas, los monjes no estaban tan interesados en descubrir por qué exactamente ciertas plantas eran capaces de curar dolencias concretas. Se contentaban con la explicación de que Dios lo había hecho así.

Como en muchos aspectos de la vida medieval, existía una división en el tratamiento médico de los ricos y los pobres. Solo los ricos tenían acceso a médicos formados. Los campesinos tenían que conformarse con cualquier mujer sabia o herborista local que viviera cerca de ellos. Estos médicos rurales confiaban en su experiencia y en los conocimientos populares que se transmitían, que a menudo incluían los usos de diversas hierbas, así como otros métodos más subrepticios como los amuletos.

Sin embargo, eso no significaba que un campesino con una enfermedad grave estuviera completamente sin suerte. En la Edad Media había hospitales, gracias en gran parte a la Iglesia. Los hospitales solían estar vinculados a grandes monasterios, y eran los monjes y monjas que vivían allí quienes trataban a los enfermos y moribundos. No está claro exactamente cuánto sabía de medicina el monje o la monja promedio, pero los monasterios eran una de las mayores fuentes de hierbas medicinales, por lo que se puede afirmar que probablemente sabían más que los laicos.

Cirugías y procedimientos

Si las hierbas medicinales no bastaban para tratar una enfermedad, se podían utilizar otras cosas para tratar a un paciente. Como ya hemos mencionado, la sangría era un tratamiento común, pero también había procedimientos mucho más complicados. Sin embargo, las cirugías no las realizaban los médicos. En la Edad Media, las profesiones de médico y cirujano estaban separadas. Por lo general, los procedimientos no eran realizados por médicos, sino por barberos-cirujanos.

El nombre de esta profesión puede sonar extraño, pero es apropiado, ya que los barberos-cirujanos de la época medieval tanto cortaban el pelo como amputaban miembros. Un barbero-cirujano realizaba diversas tareas, como fijar huesos, sangrar, sacar dientes, realizar amputaciones y, por supuesto, cortar el pelo. Eran especialmente valiosos en el campo de batalla, donde las amputaciones y otras necesidades médicas de emergencia eran bastante frecuentes. Sin embargo, en general, los barberos-cirujanos gozaban de mucha menos estima que los médicos.

Esa falta de estima podía deberse a que nadie quería someterse a una operación si podía evitarlo. La cirugía era una experiencia horrible que podía matarlo a uno en lugar de salvarlo, y eso no se debía a la falta de habilidad de los cirujanos medievales. El principal problema era la falta de anestesia. Imagínese someterse a cualquier tipo de intervención quirúrgica sin que lo duerman primero, y comprenderá bastante bien por qué la cirugía no era la solución a la que se recurría para los problemas médicos en la Edad Media. Se utilizaban opiáceos, hierbas y alcohol para intentar mitigar el dolor, pero solo conseguían atenuarlo. Fuera como fuese, la cirugía era sin duda una experiencia insoportable.

El dolor no era el único problema. El otro era la infección. Hay una razón por la que hoy en día los médicos realizan las operaciones con mascarillas en una sala completamente esterilizada. Aunque la cirugía sea eficaz, si la herida de la intervención se infecta, el paciente puede acabar en peor estado que cuando empezó. En la Edad Media carecían de los desinfectantes y las técnicas de esterilización que utilizamos ahora. Para prevenir la infección, normalmente se cauterizaban las heridas, lo que se refiere a la práctica de quemar una herida para detener la infección y detener la hemorragia.

Debido a estos problemas, las cirugías en la Edad Media tendían a realizarse en partes más externas del cuerpo. Sin anestesia, los cirujanos medievales no podían llegar a los órganos vitales de una persona, como el corazón, sin un riesgo muy alto de matarla en el proceso. Sin embargo, podían realizar procedimientos como la extirpación de cataratas e incluso la trepanación, que consistía en taladrar un agujero en el cráneo.

No obstante, quizá lo más sorprendente de la cirugía medieval sea lo exitosa que era a menudo. Gracias a las constantes guerras, los cirujanos se volvieron muy hábiles para fijar huesos y remendar heridas traumáticas. No podían realizar operaciones a corazón abierto, pero podían reparar cráneos rotos, amputar miembros y mucho más. La cirugía era sangrienta, dolorosa y bastante peligrosa, pero existía porque obtenía resultados.

Enfermedades medievales

¿De qué trataban exactamente los médicos medievales a sus pacientes? Hablaremos extensamente de la enfermedad más famosa de la época —la peste— en el próximo capítulo, pero no era ni mucho menos la única enfermedad que existía en aquella época. He aquí algunas de las enfermedades, aparte de la peste negra, que asolaron a la población de la Inglaterra medieval:

- Lepra: Aunque la lepra es una enfermedad particular, en la Edad Media, cualquier afección cutánea lo suficientemente desfigurante se denominaba lepra. Una de las principales razones de la prominencia de la lepra era la falta de higiene personal, que facilitaba mucho el desarrollo de infecciones. La enfermedad destruye el exterior del cuerpo, lo que provoca no solo llagas abiertas, sino también la pérdida de los dedos de las manos y de los pies y, en algunos casos, de la nariz de la persona. La lepra se consideraba muy contagiosa y los leprosos solían ser aislados de la sociedad para proteger a los demás. Incluso tenían que tocar una campana para advertir a la gente de que se acercaban.

- Fuego de San Antonio: Esta enfermedad se llama así porque provoca enrojecimiento y ardor en las manos y los pies de una persona. Por desgracia, no se detiene ahí. El enrojecimiento se extiende, convirtiéndose en gangrena que puede causar la pérdida de miembros enteros. El fuego de San Antonio era causado por la ingestión de centeno que había sido contaminado por un hongo particular.

- Enfermedad de la sudoración: Se trataba de una enfermedad de acción rápida que apareció a finales de la Edad Media. Los síntomas progresaban rápidamente, desde un dolor de cabeza y postración hasta sudores intensos y delirios. A menudo, una persona moría a las pocas horas del primer signo de la enfermedad, pero si lograba superar el primer día, solía sobrevivir. Aún hoy no se sabe con exactitud en qué consistía la enfermedad de la sudoración, pero prácticamente desapareció en algún momento después del último brote importante, en 1551.

- Viruela: Hasta que se desarrolló la vacuna en 1796, la viruela era una enfermedad devastadora, especialmente para los niños. Los que sobrevivían solían tener cicatrices de las viruelas, pero las personas eran inmunes a una segunda infección.

- Tuberculosis: Otra enfermedad presente en la Edad Media que, al igual que la viruela, se prolongó durante mucho tiempo fue la tuberculosis. Esta enfermedad provoca masas en los pulmones, que pueden hacer que la gente tosa sangre. A diferencia de casi todas las demás enfermedades importantes de la Edad Media, la tuberculosis sigue siendo una enfermedad considerable. Se propaga más rápidamente en poblaciones densas, por lo que el impacto de la tuberculosis empeoró después de la Edad Media, cuando la industrialización provocó un rápido crecimiento de las ciudades.

Estas enfermedades eran solo algunas de las cosas que podían afligir a una persona en la Inglaterra medieval. También había problemas como la artritis y, para las mujeres, el peligro del parto. Las tasas de mortalidad infantil eran especialmente altas. No era una época fácil para mantenerse sano, independientemente de la clase social.

Religión y medicina

Hoy nos puede resultar fácil mofarnos de la ignorancia de los medievales, pero sin un conocimiento de los gérmenes, los orígenes de diversas enfermedades y dolencias son bastante misteriosos. Los cuatro humores eran una forma de explicar la enfermedad, pero como casi todo en este periodo, la enfermedad y la medicina también estaban ligadas a la religión.

En el Evangelio de Lucas de la Biblia, hay un momento en el que Jesús y sus discípulos se encuentran con un hombre ciego. Los discípulos le preguntan a Jesús de quién es el pecado que ha causado la ceguera del hombre, si suyo o de sus padres. Este pequeño momento es un ejemplo perfecto de cómo la Iglesia medieval pensaba a menudo en la enfermedad. Todo el dolor y la destrucción del mundo se debían al pecado. Por lo tanto, la enfermedad y el mal deben ser el resultado del pecado. Esto sigue siendo cierto en la doctrina cristiana actual, pero lo que los discípulos de Jesús insinuaron con su pregunta y cómo la Iglesia medieval veía la relación entre el pecado y la enfermedad es diferente. No es solo que el pecado en general sea la fuente de todas las cosas malas, sino que el pecado de un individuo es la causa de su enfermedad individual. Si caías enfermo, era porque habías pecado y Dios te estaba castigando.

Ahora bien, si sigue leyendo esa historia en el Evangelio de Lucas, descubrirá que Jesús dijo específicamente a sus discípulos que ese no era el caso. No fue ningún pecado individual el que causó la ceguera del hombre. Sin embargo, la población general de la Inglaterra medieval no sabía leer, ni siquiera poseía una Biblia. Todo lo que sabían de sus creencias religiosas procedía de lo que les contaba la Iglesia, así que la idea de que la enfermedad era el resultado del pecado de una persona se aceptaba ciegamente. Puede empezar a ver por qué la traducción de la Biblia al inglés tuvo un impacto tan grande en la Reforma protestante y en la ruptura definitiva con la Iglesia católica romana.

Comprender este punto de vista de que la enfermedad y la dolencia están ligadas al pecado es crucial para que entendamos por qué tanta gente buscaba curas religiosas para las dolencias físicas. Las peregrinaciones a santuarios como Canterbury eran comunes para quienes buscaban curación, y se apelaba a santuarios concretos para enfermedades particulares. Canterbury parece haber sido especialmente importante para las personas que sufrían trastornos hemorrágicos. Además de viajar a lugares santos concretos, la gente también podía rezar a determinados santos y buscar las bendiciones de su clero local.

Sin embargo, el vínculo entre la religión y los tratamientos podía llegar a ser mucho más físico. Por ejemplo, una razón para la trepanación, que era la práctica de taladrar un agujero en el cráneo de una persona, podría haber sido aliviar a una persona de un espíritu maligno. También existía una creencia común llamada la doctrina de las signaturas, que decía que las plantas que se parecían a ciertas partes del cuerpo podían utilizarse para curar esas partes del cuerpo. Esta filosofía tenía sus raíces en la antigüedad, al igual que los humores, pero en la época medieval se atribuía a la voluntad de Dios.

Así pues, gran parte de la medicina medieval estaba influida por la religión, concretamente por el cristianismo. Existía una fe general en la providencia que hacía que la gente no indagara demasiado en las causas o las curas de las distintas enfermedades. Podríamos declarar que tal actitud era ingenua, pero en un mundo sin tecnología médica avanzada, la actitud de que las cosas eran así porque Dios las había hecho así podía haber sido reconfortante. Daba razón a dolencias que en aquel momento parecían horribles e irrazonables.

Errores médicos medievales

A lo largo de este capítulo, probablemente habrá notado varias cosas que no parecen la mejor idea para tratar enfermedades. Taladrar agujeros en el cráneo de una persona no es una forma de detener comportamientos extraños, y los cuatro humores no son la causa de las enfermedades. Teniendo en cuenta con lo que tenían que trabajar, la medicina medieval no era del todo mala, pero estaban muy equivocados en muchas cosas.

Quizá el error más común que cometieron los medievales en cuanto a tratamientos médicos fue la sangría. Debido a la creencia en la necesidad del equilibrio de los cuatro humores, las sangrías y las sanguijuelas eran tratamientos muy comunes para una gran variedad de dolencias. Sin embargo, en realidad, uno necesita la sangre. Si perdía demasiada durante el proceso, entonces el tratamiento lo mataría más rápido que la enfermedad. E incluso si no lo matara, la pérdida de sangre podría dejarlo debilitado y la herida podría infectarse. Además de eso, en la mayoría de los casos, la sangría no tenía ningún efecto sobre las enfermedades que se suponía que debía tratar.

¿Por qué en la mayoría de los casos? Es posible que la sangría se practicara tan extensamente porque a veces parecía ayudar. Un paciente que sufría hipertensión y otros problemas cardíacos podía experimentar una recuperación temporal con la sangría, pero no solucionaba el problema ni curaba al paciente. También se ha sugerido que la sangría podría haber funcionado en algunos casos porque mataba las bacterias que necesitaban el hierro disponible en la sangre para sobrevivir, pero incluso si eso es cierto, sigue siendo un arma de doble filo porque el cuerpo humano también necesita hierro. Aunque la sangría pudiera haber tenido algunos efectos secundarios positivos, seguía siendo peligrosa y dañina, y se utilizaba ampliamente para todo tipo de enfermedades.

El otro grave error sanitario de la Edad Media iba más allá de los tratamientos médicos y afectaba a la vida medieval en general, y ese error era la higiene o, mejor dicho, la falta de ella. Oler mal y estar sucio ya son bastante desagradables, pero son las cosas que no se ven las que hacen que la higiene personal sea tan importante. Los gérmenes pueden propagarse fácilmente como un reguero de pólvora en una sociedad en la que nadie utiliza jabón, y las posibilidades de contraer cualquier tipo de infección son significativamente mayores.

Sin embargo, la falta de limpieza personal no era el único problema. La sociedad en su conjunto tenía algunos problemas de higiene. Los residuos no se eliminaban adecuadamente y podían contaminar fácilmente los ríos y otras fuentes de agua potable. Era tan probable que el agua potable enfermara a una persona que la mayoría de la gente de la Inglaterra medieval bebía cerveza como bebida habitual en su lugar.

Al no conocer los gérmenes, la población medieval no comprendía la necesidad del saneamiento. Aunque la teoría de los gérmenes no entraría en escena hasta el siglo XIX, la gente de la Inglaterra medieval empezó a higienizarse antes gracias a una de las enfermedades más infames que han existido: la peste negra.

Capítulo 16: La peste negra

Al llegar al final de nuestro paseo por la Inglaterra medieval, tenemos que cerrar con algo que tanto contribuyó a hacer infame la Edad Media como ayudó a acabar con ella. La peste negra arrasó y asoló Europa entre 1347 y 1351. Como Inglaterra era una isla y, por tanto, estaba más aislada, la peste tardó más en llegar, pero en 1350 ya había alcanzado incluso el extremo norte de las islas británicas.

La peste negra contra la peste

Antes de sumergirnos en los detalles de la propagación, la causa y el impacto de la peste negra, debemos aclarar algunos términos que pueden resultar bastante confusos. ¿Cuál es la diferencia entre la peste negra y la peste?

La peste no se refiere a un brote de cualquier enfermedad mortal. El término peste se refiere específicamente a la enfermedad causada por la bacteria *Yersinia pestis*. Es una enfermedad que existe principalmente en los roedores y se transmite a los humanos a través del contacto con pulgas que han picado a roedores infectados. La peste sigue existiendo hoy en día, especialmente en zonas con grandes poblaciones de roedores que albergan la enfermedad. Ha habido brotes de peste hasta el siglo XX, pero gracias a la medicina moderna, especialmente a los antibióticos, la peste ya no es una amenaza grave para la vida humana.

La peste negra, por otra parte, se refiere a un brote específico de peste en Europa de 1347 a 1351. No fue el solo brote de peste que se produjo. Es la segunda pandemia de peste de la que se tiene constancia, pero fue con diferencia la más mortífera. La peste es la enfermedad, mientras que la peste negra es una pandemia particular de peste del siglo XIV.

Propagación

La peste negra llegó a Europa desde Asia, y su propagación es considerada por muchos como el primer y también más devastador acto de guerra biológica. El ejército mongol al mando de Kipchak khan Janibeg sitió Kaffa (que es la actual Feodosia) en Crimea en 1346. Como la ciudad de Kaffa (o Caffa) tenía acceso por mar, al ejército mongol le resultó muy difícil obligar a la ciudad a rendirse, aunque las condiciones en la ciudad se deterioraron rápidamente debido al asedio.

El largo asedio mantuvo al ejército mongol en su sitio durante un largo periodo, y la peste, que el ejército ya portaba, se extendió por todo el ejército. Después de alrededor de un año, el asedio estaba lejos de ser la mayor preocupación de los mongoles. La peste estaba acabando con el ejército, pero Janibeg pensó en una forma de convertir la situación en una ventaja. El ejército mongol utilizó catapultas para arrojar los cadáveres de los muertos por la peste a la ciudad de Kaffa. En las condiciones de hacinamiento y suciedad de una ciudad sitiada, el resultado era inevitable. Kaffa, al igual que el ejército mongol a sus puertas, fue puesta de rodillas por la enfermedad. La tradición dice que cuatro barcos intentaron huir de Kaffa y navegaron hacia Italia, y fue desde estos cuatro barcos desde donde la peste se extendió a Europa.

Se trata de una versión bastante dramática de los hechos, pero ¿hasta qué punto es exacta? Esta interpretación de los orígenes de la peste procede de un manuscrito escrito por Gabriele de' Mussi de Piacenza. Fue escrito solo uno o dos años después de los acontecimientos que describe, y aunque de' Mussi puede no haber presenciado los hechos él mismo, es probable que tuviera acceso a testigos presenciales. Por tanto, todo indica que podemos fiarnos de su relato.

Sin embargo, hay algunas cosas que pueden no ser del todo exactas sobre esta versión de los hechos, y sorprendentemente no es la invención de la guerra biológica. Eso es totalmente plausible. De lo que estamos menos seguros es de la idea de que la peste se extendió a Europa enteramente a través de los supervivientes del asedio de Kaffa. Hubo varias otras rutas que probablemente también tuvieron algo que ver en el traslado de la enfermedad de Asia a Europa. Había rutas comerciales tanto terrestres como marítimas entre las zonas infectadas y Europa que probablemente también contribuyeron a la propagación.

Lo que sí sabemos es que la peste golpeó primero Italia y luego se extendió hacia el norte. Inglaterra consiguió escapar a la infestación durante aproximadamente un año, pero en algún momento del verano de 1348, un barco que transportaba la enfermedad desembarcó en Melcombe Regis, en Dorset. No tardó en propagarse y Londres se enfrentó a la pandemia antes de finales de año. En 1350, la peste había alcanzado incluso la parte más septentrional de Escocia.

Esta rápida propagación es en gran parte lo que hizo que la plaga fuera tan destructiva. Atravesó el continente en una marcha imparable que dejó enormes cantidades de muerte a su paso. Pero, ¿cómo se propagó exactamente?

A estas alturas, la historia de las ratas y las pulgas es casi legendaria. Las ratas infectadas con la peste se desplazaban de un lugar a otro a bordo de los barcos. Estas ratas infestadas eran entonces picadas por las pulgas, y las pulgas picaban a la gente; así, la peste negra arrasó Europa.

Eso es cierto, pero las ratas y las pulgas podrían no haber sido la única vía de propagación de la peste. Una vez que los humanos se infectaron, también pudo haber pasado más directamente de persona a persona, o de persona a pulga, sin necesidad de las ratas huéspedes. La historia de los cadáveres catapultados en Kaffa confirma ciertamente que la peste podía propagarse sin necesidad de las ratas, pero estas desempeñaron un papel importante.

Causa

Así pues, sabemos cómo se propagó la peste negra, pero ¿qué la causó en primer lugar? En aquella época, había muchas teorías. Algunos decían que la peste era un castigo de Dios. Otros creían que la peste se propagaba a través de los malos olores. Sin embargo, la creencia más perjudicial para la causa de la peste era que los judíos eran los responsables.

Se pensaba que los judíos estaban menos afectados por la peste que los cristianos, y esto podría haber sido cierto en parte porque los judíos solían practicar una mejor higiene que los cristianos medievales debido a sus rituales religiosos. Se extendió la idea de que los judíos habían envenenado los pozos de las principales ciudades, convirtiéndolos en la fuente de la peste. Los judíos fueron masacrados, sobre todo en las zonas de habla alemana. Inglaterra no participó en esta violencia antisemita, pero eso se debió solo a que todos los judíos habían sido expulsados de

Inglaterra cincuenta años antes con el Edicto de Expulsión de Eduardo I.

Huelga decir que la peste no fue causada por los judíos ni por los malos olores, así que ¿qué la causó? Hoy sabemos que la peste negra fue causada por la bacteria *Yersinia pestis*, que todavía hoy puede causar la peste. La *Yersinia pestis* es transmitida por ratas resistentes, portadoras de la peste, pero que no mueren a causa de ella, y luego es transmitida a otras especies, incluidas las personas, por las pulgas. La falta general de higiene en la Edad Media significaba que tanto las ratas como las pulgas abundaban prácticamente en todas partes, por lo que poco podían hacer para detener la propagación de la peste.

Síntomas y tipos de peste

Hemos hablado de cómo empezó y qué la causó, pero ¿cómo fue la peste negra? Es un nombre muy dramático, pero ¿estuvo la enfermedad a la altura? En realidad, el nombre ni siquiera empieza a cubrir lo horrible que fue la peste.

Es posible que haya oído referirse a la peste también como peste bubónica, y eso se debe a que la peste podía adoptar tres formas, dependiendo de la cepa de *Y. pestis* que la causara. La peste bubónica fue con diferencia la más común, pero las tres estuvieron presentes durante la peste negra, y causaron síntomas diferentes.

- Peste bubónica: Era la forma más frecuente de peste. Causaba una inflamación masiva de los ganglios linfáticos. Las hinchazones se conocían como bubones y se producían alrededor del cuello, la ingle y las axilas. Tenían el tamaño de un huevo, supuraban pus y eran increíblemente dolorosos. Los bubones no eran el único síntoma de la peste. También había fiebre alta, náuseas, dolor en las articulaciones y, en general, un terrible malestar. La mayoría de las personas que contraían la peste bubónica morían en una semana, y se cree que su tasa de mortalidad rondaba el 70 %. Lo que empeora las cosas es que la peste bubónica era la forma menos mortal que adoptaba la peste.

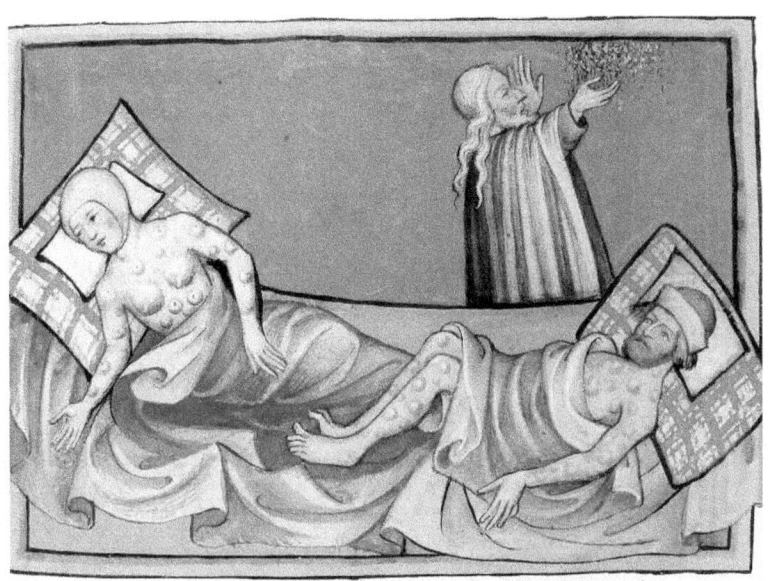

Imagen de personas con peste bubónica[19]

- Peste neumónica: En algún momento, apareció otra cepa de la enfermedad, y esta versión se transmitía por el aire. Atacaba primero los pulmones y la tasa de supervivencia era prácticamente inexistente. Las estimaciones más positivas sitúan la tasa de mortalidad de la peste neumática entre el 90 y el 95 %. Hoy en día, la peste neumónica se considera la más peligrosa porque puede propagarse fácilmente de persona a persona.

- Peste septicémica: Podría haber pensado que las cosas no podían empeorar, pero la peste tenía una última forma que era aún más mortal en la Edad Media. La peste septicémica infecta el torrente sanguíneo y se propaga a través de la picadura de un insecto infectado. Puede aparecer por sí sola o desarrollarse debido a la peste bubónica. Al estar en la sangre, la peste se propaga por todo el cuerpo, provocando que la piel y otros tejidos mueran y se vuelvan negros. Algunos creen que de ahí puede proceder el nombre de peste negra, pero no lo sabemos con certeza. Partes del cuerpo, como los dedos de las manos y de los pies, podían incluso caerse. Se trataba esencialmente de un envenenamiento de la sangre y, en la Edad Media, mataba a todo el que la contraía. La tasa de mortalidad era del 100 %, quizá del 99 % si quiere ser positivo. Por suerte, esta era la forma más rara de peste.

Cualquiera que fuera la forma de peste que se contrajera, las posibilidades de supervivencia oscilaban entre prácticamente inexistentes y extremadamente bajas. La única esperanza real era evitar contraer la enfermedad.

La peste era un asesino indiscriminado. No le importaba si uno era rico o pobre. Ni siquiera la realeza estaba a salvo. En 1348, Juana, la hija de Eduardo III, contrajo la peste y murió a los trece años. Aun así, los que podían permitírselo podían encerrarse en fincas rurales donde tenían más posibilidades de evitar la enfermedad.

Tratamiento

Entonces, ¿había algo que se pudiera hacer por los enfermos de peste? Los médicos intentaron tratar a los pacientes, pero simplemente no había cura, y era muy peligroso para los propios médicos. El equipo que llevaban los médicos para protegerse se ha convertido desde entonces en un disfraz fácilmente reconocible. Los médicos de la peste llevaban una máscara con un largo pico que parecía un pájaro y agujeros de cristal para los ojos. El pico contenía cosas como flores y hierbas porque

Médico de la peste[80]

se creía que la enfermedad se propagaba a través del olfato. Para protegerse, los médicos también llevaban batas largas y guantes, y utilizaban un bastón para examinar a los pacientes. El atuendo se completaba con un sombrero de ala que era el signo de su profesión. Los médicos de la peste tuvieron sus comienzos durante la peste negra, pero el atuendo icónico tal y como lo conocemos hoy, probablemente no se desarrolló por completo hasta brotes posteriores de la peste.

La falta de una cura real no impidió que la gente intentara varias cosas extrañas. Un método consistía en desplumar un pollo vivo y colocarlo contra los bubones de la persona infectada. La idea era que el pollo atraería la enfermedad fuera de la persona y hacia sí mismo. Otro método consistía en comer o beber esmeraldas trituradas. Había varias pócimas y mezclas diferentes que afirmaban curar la peste, y la gente incluso bebía orina. Algunos buscaban curas más espirituales. Estaba la oración y el ayuno estándar, pero la gente también practicaba la flagelación pública (flagelarse) porque creían que la peste era el resultado de la ira de Dios.

Los únicos tratamientos que pudieron tener cierto éxito fueron la huida y la cuarentena. Los que huían de los pueblos y ciudades tenían la posibilidad de evitar la peste por completo, pero también conseguían a menudo propagarla. La cuarentena podría haber frenado la rápida propagación de la peste, pero era imposible de aplicar. La gente no comprendía cuál era la causa de la peste, por lo que sus intentos de tratarla se centraban en suposiciones e informaciones incorrectas.

Número de muertos

Sabemos que la peste negra fue horrible, pero ¿hasta qué punto lo fue? A lo largo de cuatro años, la peste mató a veinticinco millones de personas en Europa, lo que suponía alrededor del 40 % de toda la población (aunque algunas estimaciones bajan hasta el 30 y suben hasta el 60 %). La propia Inglaterra se enfrentó a una tasa de mortalidad similar, con entre un 30 y un 40 % de muertos. Sin embargo, eso es solo en Europa. La peste comenzó en Asia y también se extendió a África, donde las tasas de mortalidad fueron similares.

Para poner las cosas en perspectiva, echemos un vistazo a algunas tragedias más recientes de la historia de la humanidad. La Segunda Guerra Mundial fue el conflicto militar más mortífero de la historia, con entre treinta y sesenta millones de muertes causadas por la guerra en todo el mundo. La peste negra mató a unos veinticinco millones solo en Europa, lo que se aproxima a la estimación más baja de la Segunda Guerra Mundial. Aun así, comparar las cifras directamente de esta manera no ofrece una comparación completa de lo mortíferos que fueron los dos acontecimientos. Recuerde que la población total en la década de 1940 era mucho mayor que en el siglo XIV. Los porcentajes cuentan una historia más clara. En la Segunda Guerra Mundial, los países más afectados perdieron alrededor del 20 % de su población, y la mayoría de los países perdieron mucho menos que eso. El impacto de la peste negra fue el doble, en torno al 40 %, y se extendió de forma mucho más uniforme por toda Europa.

Otra forma de entender lo mala que fue la peste negra es compararla con otras epidemias. La pandemia de gripe española de 1918 mató a unos cincuenta millones de personas en todo el mundo. Si incluimos Asia y África, la peste negra podría haber tenido un recuento de muertes similar o superior. Sin embargo, de nuevo, los porcentajes pintan un cuadro más claro. La gripe española mató a cerca del 3 % de la población mundial. La peste negra mató al 40 %; incluso la estimación más baja del 5 % (que parece poco probable) es más alta. En términos de mortandad, casi nada se le acerca.

Si quiere comprender la mortandad de la peste, también tiene que recordar que la peste negra se refiere a un solo brote de peste que se produjo entre 1347 y 1351 aproximadamente. Ese único brote mató entre un tercio y la mitad de la población de todo un continente. Es difícil encontrar una catástrofe que se acerque siquiera a la peste negra.

Impacto

La muerte a una escala tan masiva tiene consecuencias de gran alcance, y el impacto de la peste negra fue posteriormente enorme.

El primer impacto se produjo en los conocimientos médicos. Los médicos medievales se habían basado en conocimientos antiguos con ideas sobre los humores y la importancia de las posiciones de los planetas, pero la peste negra hizo añicos muchas de esas concepciones. La peste se negó a retroceder con ninguno de los tratamientos que intentaron los médicos medievales, y se hizo evidente la necesidad de más conocimientos médicos. La peste negra supuso, por tanto, un impulso para comenzar a ampliar los conocimientos médicos, lo que representó un gran cambio de mentalidad respecto al enfoque tradicionalmente medieval de «la gente está enferma porque Dios lo quiere».

La peste negra también impactó en las actitudes religiosas más allá de eso. La plaga fue vista comprensiblemente por muchos como el posible presagio del fin del mundo. La mitad de los habitantes de algunas ciudades e incluso pueblos enteros fueron aniquilados. En tales circunstancias, un aumento de la piedad y el interés religiosos es solo natural. Al mismo tiempo, la Iglesia católica se vio debilitada por la pérdida de tantos de sus clérigos. La gente estaba más interesada en la religión, mientras que la Iglesia de Roma tenía menos control de la muerte. Surgieron más colegios y universidades, pero con vínculos nacionales más fuertes que papales. Este fue el comienzo de un proceso que acabaría desembocando en la Reforma. El poder absoluto y la unidad de la Iglesia medieval habían llegado a su fin.

La peste negra también tuvo un impacto en la estructura social. Con la repentina desaparición de casi la mitad de la población, ya no había suficientes trabajadores. Grandes extensiones de tierras anteriormente cultivadas cayeron en desuso, lo que supuso un duro golpe para los ricos terratenientes que las poseían. La escasez de mano de obra dio a los campesinos que no habían muerto una palanca que nunca habían tenido. La demanda de trabajadores era superior a la oferta y, por primera vez, los terratenientes ofrecían mejores salarios y condiciones para intentar atraer a los trabajadores. El sistema feudal se vio seriamente sacudido.

El sistema feudal y la jerarquía social general de la Inglaterra medieval también se vieron afectados por la peste de otra manera. Puesto que la peste mató por igual a las élites y a los campesinos, de repente todo el mundo estaba en pie de igualdad. Si la peste negra era la ira de Dios, entonces su ira había descendido sobre todos. Los campesinos empezaron a tener una nueva conciencia de sus derechos y su dignidad.

Los campesinos que sobrevivieron a la peste también empezaron a vivir mejor. No solo se les pagaba más, sino que los impuestos también bajaron. La destrucción del 40 % de la población también creó un excedente de bienes, lo que hizo bajar los precios de todo. Así, los campesinos tenían más dinero y todo era más barato. La gente pudo comprar cosas que nunca antes se había podido permitir y disfrutar de un nuevo nivel de vida.

Los cambios en la vida de las clases bajas son difíciles de exagerar. Fue solo unos treinta años después de la peste negra cuando Inglaterra experimentó su primer levantamiento popular: la Revuelta de los campesinos de 1381. La peste negra quebró efectivamente el emblemático sistema feudal de la Edad Media y, por esa razón, mucha gente la considera el acontecimiento que puso fin al periodo medieval.

Conclusión

Esa es la historia básica de la Inglaterra medieval. La peste negra fue el acontecimiento que hizo rodar la pelota hacia el final al destruir la estructura básica de la vida medieval, y utilizamos la batalla de Bosworth y el final de la dinastía Plantagenet como una línea más definida en la arena para el final de la Inglaterra medieval. Sin embargo, situar la historia en épocas como esta, aunque ciertamente hace más cómodo su estudio, crea una sensación de separación que no existe en la realidad. El periodo medieval no está estrictamente confinado entre las fronteras del siglo VII y 1485. Aunque pueda parecer historia antigua, las cosas que sucedieron en la Inglaterra medieval fueron cruciales para configurar el mundo tal y como lo conocemos hoy.

Pensamos en la Edad Media y el feudalismo como una época muy opresiva, en la que los ricos explotaban a los pobres y en la que los derechos humanos eran prácticamente inexistentes. Esto es, en gran medida, cierto, pero la Inglaterra medieval fue también el lugar donde se inició gran parte de nuestra comprensión de los derechos humanos. La Carta Magna de 1212 es uno de los documentos más importantes de la historia de la democracia, ya que en ella se establecieron por primera vez normas para proteger al pueblo de su propio gobierno. Unos 150 años después de la Carta Magna, Inglaterra vio su primer levantamiento popular en la Revuelta de los campesinos de 1381. Lo que los barones habían comprendido en sus luchas contra el rey, lo comprendía ahora la población en general. Podían hacer demandas. Eran seres humanos con dignidad que no debían ser ignorados por quienes estaban por encima de ellos. Así pues, fue *durante* la Edad Media cuando la gente empezó a tener un verdadero sentido de sus derechos básicos y a luchar por ellos. A menudo se atribuye al Renacimiento el mérito de haber desarrollado las ideas que se convirtieron en el núcleo de nuestro mundo moderno, pero fue en la Edad Media cuando comenzaron los necesarios cambios de actitud. ¿Quién sabe dónde estarían hoy los derechos humanos y la democracia si no fuera por los cambios de mentalidad que tuvieron lugar en el periodo medieval?

Esa no es ni mucho menos la única forma en que el periodo medieval ha moldeado nuestro mundo. Las guerras y batallas de la Edad Media formaron naciones y gobiernos. Las invasiones vikingas empujaron a Inglaterra a convertirse en una nación unificada. Las guerras de Independencia escocesas aseguraron la independencia de Escocia durante otros cuatrocientos años, lo que tendría un enorme impacto en la historia inglesa y escocesa. Las derrotas del rey Juan pusieron fin a las pretensiones de Inglaterra sobre las tierras que se convertirían en Francia. El mapa de Inglaterra y Europa que conocemos hoy se dibujó en muchos sentidos con la sangre derramada en la Edad Media.

Quizá el impacto más sutil de la Edad Media haya sido en la cultura. Historias de la Edad Media como la leyenda artúrica, Beowulf y un sinfín de cuentos de hadas siguen contándose y volviéndose a contar en la actualidad. Los edificios, especialmente las iglesias, de la época siguen en pie e incluso se utilizan hoy en día. Juegos como el ajedrez y el *backgammon* se introdujeron en Occidente en esta época.

Por último, no podemos terminar el libro sin analizar cómo la Iglesia medieval ha dado forma a nuestro mundo moderno. Sea usted cristiano o no, si vive en el mundo occidental, se ha visto muy afectado por el cristianismo. Es difícil hablar de casi cualquier aspecto de la Edad Media sin mencionar a la Iglesia. Influyó en todo, desde el arte, la arquitectura y la literatura hasta la filosofía, el derecho y el propio ritmo de vida. Las fiestas que celebramos, el hecho de que tendamos a no trabajar los domingos, los hospitales, las escuelas y tantos otros aspectos de la vida cotidiana tuvieron su origen en la Iglesia medieval. La Iglesia medieval produjo eruditos y poetas, fundó universidades y conservó manuscritos del mundo antiguo. La ame o la odie, la civilización occidental debe mucho de lo que es a la Iglesia medieval.

Hay muchas cosas que la gente entiende mal sobre la Inglaterra medieval. Como dijimos al principio de este viaje, la Inglaterra medieval no era ni tan glamurosa ni tan horrenda como a menudo la pintamos. Sin embargo, quizá en lo que más nos equivocamos es en la idea de que fue una época totalmente distinta. El mundo moderno no existiría sin los cambios y desarrollos que tuvieron lugar en la Edad Media. Es posible que las personas que vivieron entonces no fueran tan diferentes de nosotros como pensamos.

Vea más libros escritos por Enthralling History

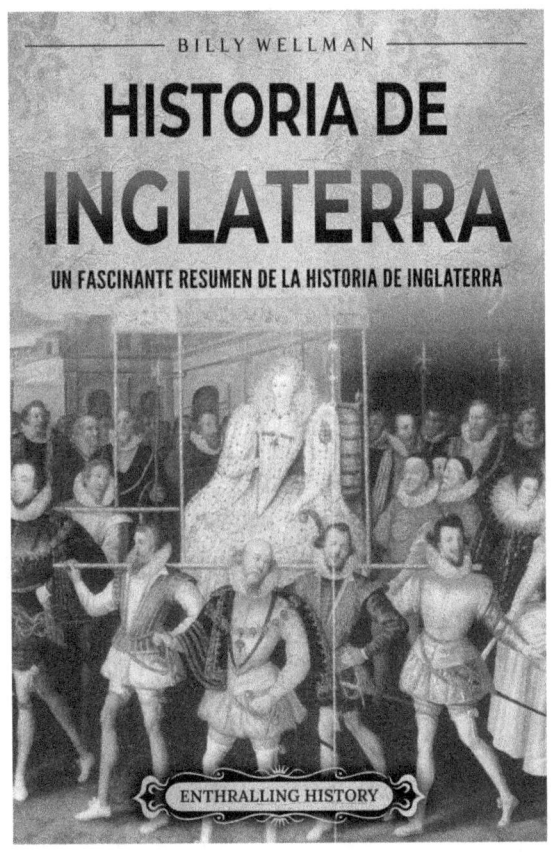

Bibliografía

"A Brief History of Capital Punishment in Britain". HistoryExtra, 15 de diciembre de 2021. https://www.historyextra.com/period/modern/a-brief-history-of-capital-punishment-in-britain

"An Introduction to Early Medieval England". English Heritage. Consultado el 6 de diciembre de 2021.

https://www.english-heritage.org.uk/learn/story-of-england/early-medieval

"Anglo-Saxons: A Brief History". The Historical Association. Consultado el 6 de diciembre de 2021. https://www.history.org.uk/primary/resource/3865/anglo-saxons-a-brief-history

"Athelstan". Encyclopedia Britannica. Encyclopedia Britannica, inc. Consultado el 6 de diciembre de 2021. https://www.britannica.com/biography/Athelstan

"Battle of Agincourt". Encyclopedia Britannica. Encyclopedia Britannica, inc. Consultado el
10 de diciembre de 2021. https://www.britannica.com/event/Battle-of-Agincourt

"Battle of Bannockburn". Encyclopedia Britannica. Encyclopedia Britannica, inc. Consultado el
10 de diciembre de 2021. https://www.britannica.com/event/Battle-of-Bannockburn

"Battle of Bosworth Field". Encyclopedia Britannica. Encyclopedia Britannica, inc. Consultado el 10 de diciembre de, 2021.
https://www.britannica.com/event/Battle-of-Bosworth-Field

"Battle of Edington". Encyclopedia Britannica. Encyclopedia Britannica, inc. Consultado el 10 de diciembre de, 2021.
https://www.britannica.com/topic/Battle-of-Edington

"Battle of Hastings". Encyclopedia Britannica. Encyclopedia Britannica, inc. Consultado el 6 de diciembre de 2021. https://www.britannica.com/event/Battle-of-Hastings

"Beowulf". British Library. Consultado el 25 de enero de 2022. https://www.bl.uk/collection-items/beowulf

"Bria 16 1 b the Murder of an Archbishop". Constitutional Rights Foundation. Consultado el 17 de enero de 2022. https://www.crf-usa.org/bill-of-rights-in-action/bria-16-1-b-the-murder-of-an-archbishop

"Crime and Medieval Punishment". History, 2 de diciembre 2021. https://www.historyonthenet.com/medieval-life-crime-and-medieval-punishment

"Danelaw". Encyclopedia Britannica. Encyclopedia Britannica, inc. Consultado el 6 de diciembre de 2021. https://www.britannica.com/place/Danelaw

"Divine Right of Kings". Divine Right of Kings - New World Encyclopedia. Consultado el 29 de diciembre 2021. https://www.newworldencyclopedia.org/entry/Divine_Right_of_Kings

"Durham Cathedral - an Overview". Durham Cathedral Durham World Heritage Site. Consultado el 29 de diciembre de 2021. https://www.durhamworldheritagesite.com/learn/architecture/cathedral

"Four Humors - and There's the Humor of It: Shakespeare and the Four Humors". U.S. National Library of Medicine. National Institutes of Health, 19 de septiembre de 2013 . https://www.nlm.nih.gov/exhibition/shakespeare/fourhumors.html

"Gothic Architecture". Encyclopedia Britannica. Encyclopedia Britannica, inc. Consultado el 29 de diciembre de 2021. https://www.britannica.com/art/Gothic-architecture

"Harthacnut". Hardicanute, or Harthacnut, King of England and Denmark. Consultado el 6 de diciembre de 2021. https://www.englishmonarchs.co.uk/vikings_4.htm

"King Athelstan". Athelstan Museum, 27 de febrero 2020. https://www.athelstanmuseum.org.uk/malmesbury-history/people/king-athelstan

"King Canute". Canute or Cnut the Great, son of Sweyn Forkbeard. Consultado el 6 de diciembre de 2021. https://www.englishmonarchs.co.uk/vikings_2.htm

"King Edward I of England". BBC Bitesize. BBC, 6 de diciembre de 2019. https://www.bbc.co.uk/bitesize/topics/z8g86sg/articles/z77dbdm

"List of 5 Most Significant Battles of the Hundred Years' War". List of 5 Most Significant Battles of the Hundred Years' War - History Lists. Consultado el 6 de diciembre de 2021.

https://historylists.org/events/list-of-5-most-significant-battles-of-the-hundred-years-war.html

"List of English Monarchs". Wikipedia. Wikimedia Foundation, 5 de diciembre 2021.

https://en.wikipedia.org/wiki/List_of_English_monarchs

"Magna Carta (1215) to Henry IV (1399) - UK Parliament". parliament.uk. Consultado el 29 de diciembre de 2021.

https://www.parliament.uk/about/living-heritage/evolutionofparliament/originsofparliament/birthofparliament/keydates/1215to1399

"Medieval Architecture". English Heritage. Consultado el 29 de diciembre de 2021.

https://www.english-heritage.org.uk/learn/story-of-england/medieval/architecture

"Medieval Religion". English Heritage. Consultado el 17 de enero de 2022.
https://www.english-heritage.org.uk/learn/story-of-england/medieval/religion

"Monsters, Marvels, and Mythical Beasts: Medieval Monsters". Research Guides. Consultado el 25 de enero de 2022.
https://guides.library.uab.edu/c.php?g=1014328&p=7346799

"Old English Language". Encyclopedia Britannica. Encyclopedia Britannica, inc. Consultado el 6 de diciembre de 2021. https://www.britannica.com/topic/Old-English-language

"Plague - Symptoms". Centers for Disease Control and Prevention. Centers for Disease Control and Prevention, 15 de noviembre de 2021.
https://www.cdc.gov/plague/symptoms/index.html

"Robert the Bruce". BBC Bitesize. BBC, 6 de diciembre de 2019.

https://www.bbc.co.uk/bitesize/topics/z8g86sg/articles/zm2747h

"The Anglo-Saxon Tribal Kingdoms". The Anglo-Saxon Tribal Kingdoms - The Heptarchy.

Consultado el 6 de diciembre de 2021.
https://www.englishmonarchs.co.uk/saxon_25.html

"The Battle of Edington". The Battle of Edington. Consultado el 10 de diciembre de 2021.

https://www.englishmonarchs.co.uk/vikings_16.html

"The Canterbury Tales by Geoffrey Chaucer". British Library. Consultado el 25 de enero de 2022. https://www.bl.uk/collection-items/the-canterbury-tales-by-geoffrey-chaucer

"The Celts of England". Celtic Life International - Celebrating the Celtic Life for over 30 years.

Consultado el 6 de diciembre de 2021. https://celticlifeintl.com/the-celts-of-england

"The English Invasion of Wales". Historic UK. Consultado el 6 de diciembre de 2021. https://www.historic-uk.com/HistoryUK/HistoryofWales/The-English-conquest-of-Wales

"The First Battle of St Albans". Historic UK. Consultado el 6 de diciembre de 2021. https://www.historic-uk.com/HistoryMagazine/DestinationsUK/The-First-Battle-of-St-Albans

"The Great Famine". The great famine. Consultado el 6 de diciembre de 2021. http://www.halinaking.co.uk/Location/Yorkshire/Frames/History/1315%20Great%20Famine/Great%20Famine.htm

"The History of the English Longbow". Historic UK. Consultado el 10 de diciembre de 2021. https://www.historic-uk.com/HistoryUK/HistoryofEngland/The-Longbow

"The Medieval Marvel Few People Know". BBC Travel. BBC. Consultado el 29 de diciembre de 2021. https://www.bbc.com/travel/article/20170427-the-extraordinary-angel-roofs-of-england

"The Period of the Scandinavian Invasions". Encyclopedia Britannica. Encyclopedia Britannica, inc. Consultado el 6 de diciembre de 2021. https://www.britannica.com/place/United-Kingdom/The-period-of-the-Scandinavian-invasions#ref482644

"The Plague, 1331-1770". The Black Death. Consultado el 27 de enero de 2022. http://hosted.lib.uiowa.edu/histmed/plague

"Trial by Ordeal". *Oxford Reference.* Consultado el 1 de enero de 2022. https://www.oxfordreference.com/view/10.1093/oi/authority.20110803105644353

"Romanesque Architecture". Encyclopedia Britannica. Encyclopedia Britannica, inc. Consultado el 29 de diciembre de 2021. https://www.britannica.com/art/Romanesque-architecture

"Scotland's History - the Wars of Independence". BBC. BBC. Consultado el 10 de diciembre de 2021. https://www.bbc.co.uk/scotland/history/articles/the_wars_of_independence

"St Hild of Whitby". English Heritage. Consultado el 29 de diciembre de 2021. https://www.english-heritage.org.uk/visit/places/whitby-abbey/history-and-stories/st-hild

"Viking Ships". Royal Museums Greenwich. Consultado el 6 de diciembre de 2021. https://www.rmg.co.uk/stories/topics/viking-ships

"Wars of the Roses". Historic UK. Consultado el 6 de diciembre de 2021.

https://www.historic-uk.com/HistoryUK/HistoryofEngland/The-Wars-of-the-Roses

"Wat Tyler and the Peasants Revolt". Historic UK. Consultado el 6 de diciembre de 2021. https://www.historic-uk.com/HistoryUK/HistoryofEngland/Wat-Tyler-the-Peasants-Revolt

"What Happened to Britain after the Romans Left?". The Great Courses Daily, 29 de julio de 2020. https://www.thegreatcoursesdaily.com/britain-after-the-romans-left

"Women Get the Vote". UK Parliament. Consultado el 13 de diciembre de 2021. https://www.parliament.uk/about/living-heritage/transformingsociety/electionsvoting/womenvote/overview/thevote

Abbott, G. "Burning at the Stake". Encyclopedia Britannica, 5 de julio de 2019. https://www.britannica.com/topic/burning-at-the-stake.

Barker, Juliet. *1381: The Year of the Peasants' Revolt*. Cambridge: The Belknap Press of Harvard University Press, 2014.

Barlow, Frank. *The Feudal Kingdom of England 1042-1216*. 5ª ed. London: Longman, 1999.

Bell, Bethan. "A Ghoulish Tour of Medieval Punishments". BBC News. BBC, 2 de julio de 2016. https://www.bbc.com/news/uk-england-36641921

Bovey, Alixe. "The Medieval Church: from Dedication to Dissent". British Library, 30 de abril de 2015. https://www.bl.uk/the-middle-ages/articles/church-in-the-middle-ages-from-dedication-to-dissent

Bovey, Alixe. "The Medieval Diet". British Library. Consultado el 4 de enero de 2022.
https://www.bl.uk/the-middle-ages/articles/the-medieval-diet

Bovey, Alixe. "Medieval Monsters". British Library, 30 de abril de 2015. https://www.bl.uk/the-middle-ages/articles/medieval-monsters-from-the-mystical-to-the-demonic

Bovey, Alixe. "Women in Medieval Society". British Library, 30 de abril de 2015.
https://www.bl.uk/the-middle-ages/articles/women-in-medieval-society

Boyer, Sam. "The Battle of Mount Badon". The Battle of Mount Badon | Robbins Library Digital Projects, 2004.
https://d.lib.rochester.edu/camelot/text/boyer-battle-of-mt-badon-overview

Bremner, Ian. "History - British History in Depth: Wales: English Conquest of Wales C.1200 –

1415". BBC. BBC, 17 de febrero de 2011.
https://www.bbc.co.uk/history/british/middle_ages/wales_conquest_01.shtml
Britannica, T. Editors of Encyclopedia. "Arthurian legend". Encyclopedia Britannica, 27 de mayo de 2021. https://www.britannica.com/topic/Arthurian-legend.
Britannica, T. Editors of Encyclopedia. "Assize of Clarendon". Encyclopedia Britannica,
6 de septiembre de 2007. https://www.britannica.com/event/Assize-of-Clarendon.
Britannica, T. Editors of Encyclopedia. "Bayeux Tapestry". Encyclopedia Britannica, 30 de mayo de 2021. https://www.britannica.com/topic/Bayeux-Tapestry.
Britannica, T. Editors of Encyclopedia. "Beowulf". Encyclopedia Britannica, 20 de agosto de 2021. https://www.britannica.com/topic/Beowulf.
Britannica, T. Editors of Encyclopedia. "Black Death". Encyclopedia Britannica, 27 de agosto de 2021. https://www.britannica.com/event/Black-Death.
Britannica, T. Editors of Encyclopedia. "Compurgation". Encyclopedia Britannica, 22 de noviembre de 2011.
https://www.britannica.com/topic/compurgation.
Britannica, T. Editors of Encyclopedia. "Drawing and Quartering". Encyclopedia Britannica, 5 de julio de 2019. https://www.britannica.com/topic/drawing-and-quartering.
Britannica, T. Editors of Encyclopedia. "Illuminated Manuscript". Encyclopedia Britannica, 15 de julio de 2021. https://www.britannica.com/art/illuminated-manuscript.
Britannica, T. Editors of Encyclopedia. "Manorial Court". Encyclopedia Britannica, 15 de febrero de 2007. https://www.britannica.com/topic/manorial-court.
Britannica, T. Editors of Encyclopedia. "Miracle Play". Encyclopedia Britannica, 6 de febrero de
2019. https://www.britannica.com/art/miracle-play.
Britannica, T. Editors of Encyclopedia. "Morality Play". Encyclopedia Britannica, 16 de enero de 2014. https://www.britannica.com/art/morality-play-dramatic-genre.
Britannica, T. Editors of Encyclopedia. "Ordeal". Encyclopedia Britannica, 13 de abril de 2018.
https://www.britannica.com/topic/ordeal.
Britannica, T. Editors of Encyclopedia. "Plague". Encyclopedia Britannica, 6 de agosto de 2020.
https://www.britannica.com/science/plague.

Britannica, T. Editors of Encyclopedia. "Templar". Encyclopedia Britannica, 28 de abril de 2020. https://www.britannica.com/topic/Templars.

Britannica, T. Editors of Encyclopedia. "The Canterbury Tales". Encyclopedia Britannica, 14 de mayo de 2020. https://www.britannica.com/topic/The-Canterbury-Tales.

Britannica, T. Editors of Encyclopedia. "Tuberculosis". Encyclopedia Britannica, 29 de julio de 2021. https://www.britannica.com/science/tuberculosis.

Britannica, T. Editors of Encyclopedia. "Sweating Sickness". Encyclopedia Britannica, 15 de febrero de 2019. https://www.britannica.com/science/sweating-sickness.

Brooke, John. "The Black Death and Its Aftermath". Origins, Junio 2020. https://origins.osu.edu/connecting-history/covid-black-death-plague-lessons?language_content_entity=en

Buis, Alena. "The Romanesque in Normandy and England". Art and Visual Culture Prehistory to

Renaissance. Consultado el 29 de diciembre de 2021.

https://pressbooks.bccampus.ca/cavestocathedrals/chapter/the-romanesque-in-normandy-and-england

Carpenter, David. *The Struggle for Mastery: Britain 1066-1284*. Oxford: Oxford University Press, 2003.

Cartwright, Mark. "Clothes in Medieval England". World History Encyclopedia. World History

Encyclopedia, 28 de junio de 2018.
https://www.worldhistory.org/article/1248/clothes-in-medieval-england

Cartwright, Mark. "Leisure in an English Medieval Castle". World History Encyclopedia. World

History Encyclopedia, 31 de mayo de 2018.

https://www.worldhistory.org/article/1232/leisure-in-an-english-medieval-castle

Castelow, Ellen. "The Origins and History of Fairies". Historic UK. Consultado el 25 de enero de 2022. https://www.historic-uk.com/CultureUK/The-Origins-of-Fairies

Cybulskie, Danièle. "Medieval Pilgrimages: It's All about the Journey". Medievalists.net, 4 de agosto de 2017.

https://www.medievalists.net/2015/08/medieval-pilgrimages-its-all-about-the-journey

Daileader, Philip. "Henry II vs. the Church: The Murder of Thomas Becket". The Great Courses

Daily, 4 de noviembre de 2020. https://www.thegreatcoursesdaily.com/henry-ii-vs-the-church-the-murder-of-thomas-becket

de Beer, Lloyd, and Naomi Speakman. "Thomas Becket: The Murder That Shook the Middle Ages - British Museum Blog". British Museum Blog - Explore stories from the Museum, 27 de mayo de 2021. https://blog.britishmuseum.org/thomas-becket-the-murder-that-shook-the-middle-ages

Duggan, L. G. "Indulgence". Encyclopedia Britannica, 25 de noviembre de 2015. https://www.britannica.com/topic/indulgence.

Fee, Christopher R. *Gods, Heroes, and Kings: The Battle for Mythic Britain*. Cary: Oxford University Press, Incorporated, 2004. Consultado el 25 de enero de 2022. ProQuest eBook Central.

Flantzer, Susan. "Royal Deaths from Plague". Unofficial Royalty, 9 de enero de 2022. https://www.unofficialroyalty.com/royal-deaths-from-plague-4-23/.

Fleming, Robin. Britain After Rome: The Fall and Rise: 400 to 1070. New York: Penguin, 2011.

Goldiner, Sigrid. "Medicine in the Middle Ages". Metmuseum.org, 1 de enero de 2012. https://www.metmuseum.org/toah/hd/medm/hd_medm.htm.

Hajar, Rachel. "The Air of History (Part II) Medicine in the Middle Ages". Heart views: The official journal of the Gulf Heart Association. Medknow Publications & Media Pvt Ltd, October 2012. https://www.ncbi.nlm.nih.gov/pmc/articles/PMC3573364/.

Harrison, Julian. "Who Were the Anglo-Saxons?". British Library. Consultado el 6 de diciembre de 2021. https://www.bl.uk/anglo-saxons/articles/who-were-the-anglo-saxons.

Hannan, M. T. and Kranzberg, Melvin. "History of the Organization of Work". Encyclopedia Britannica, 1 de noviembre de 2021. https://www.britannica.com/topic/history-of-work-organization-648000.

Highman, Nicholas J., and Martin J. Ryan. *The Anglo-Saxon World*. New Haven: Yale University Press, 2013.

Hitti, Miranda. "Bloodletting's Benefits". WebMD. WebMD, 10 de septiembre de 2004. https://www.webmd.com/men/news/20040910/bloodlettings-benefits

Hudson, Alison. "The Battle of Hastings: Fact and Fiction". British Library. Consultado el 6 de diciembre de 2021. https://www.bl.uk/anglo-saxons/articles/the-battle-of-hastings-fact-and-fiction

Ibeji, Mike. "Becket, the Church and Henry II". BBC. BBC, 27 de febrero de 2011. https://www.bbc.co.uk/history/british/middle_ages/becket_01.shtml

Johnson, Ben. "Æthelflæd (Aethelflaed), Lady of the Mercians". Historic UK. Consultado el 29 de diciembre de 2021. https://www.historic-uk.com/HistoryUK/HistoryofEngland/Aethelflaed-Lady-of-the-Mercians

Johnson, Ben. "Norman and Medieval Fashion and Clothing". Historic UK. Consultado el 5 de enero de 2022. https://www.historic-uk.com/CultureUK/Medieval-Fashion

Jones, Dan. *The Wars of the Roses*. New York: Penguin, 2014.

Kemp, J. Arthur. "St. Anselm of Canterbury". *Encyclopedia Britannica*, 20 de septiembre de 2021. https://www.britannica.com/biography/Saint-Anselm-of-Canterbury

Kerr, Margaret H., Richard D. Forsyth, and Michael J. Plyley. "Cold Water and Hot Iron: Trial by Ordeal in England". *The Journal of Interdisciplinary History* 22, no. 4 (1992): 573–95. https://doi.org/10.2307/205237

Leyser, Henrietta. *The Anglo-Saxons*. London: I.B Tauris & Co., 2017.

Mark, Joshua J. "Medieval Cures for the Black Death". World History Encyclopedia. World History Encyclopedia, 15 de abril de 2020. https://www.worldhistory.org/article/1540/medieval-cures-for-the-black-death

Mark, Joshua J. "Medieval Folklore". World History Encyclopedia. World History Encyclopedia, 19 de febrero de 2019. https://www.worldhistory.org/Medieval_Folklore

Mark, Joshua J. "Medieval Literature". World History Encyclopedia. World History Encyclopedia, 26 de diciembre de 2021. https://www.worldhistory.org/Medieval_Literature

Mark, Joshua J. "Religion in the Middle Ages". World History Encyclopedia. World History Encyclopedia, 28 de junio de 2019. https://www.worldhistory.org/article/1411/religion-in-the-middle-ages

Mark, Joshua J. "The Medieval Church". World History Encyclopedia. World History Encyclopedia, 17 de junio de 2019.

https://www.worldhistory.org/Medieval_Church

Mark, Joshua J. "Women in the Middle Ages". World History Encyclopedia. World History Encyclopedia, 18 de marzo de 2019. https://www.worldhistory.org/article/1345/women-in-the-middle-ages

Masson, Victoria. "The Black Death". Historic UK. Consultado el 27 de enero de 2022. https://www.historic-uk.com/HistoryUK/HistoryofEngland/The-Black-Death

Palmer, Bill. "Our 1918 Pandemic - the Numbers Then and Now". marshallindependent.com, 27 de marzo de 2021. https://www.marshallindependent.com/opinion/local-columns/2021/03/our-1918-pandemic-the-numbers-then-and-now

Pernoud, R. "Eleanor of Aquitaine". *Encyclopedia Britannica*, 31 mayo de 2021. https://www.britannica.com/biography/Eleanor-of-Aquitaine

Rhodes, P. and Bryant, John H. "Public Health". Encyclopedia Britannica, 22 de abril de 2021. https://www.britannica.com/topic/public-health.

Ross, David. "Anglo-Saxon England - Culture and Society". Britain Express. Consultado el 9 de diciembre de 2021. https://www.britainexpress.com/History/anglo-saxon_life-kinship_and_lordship.htm

Ruben, Miri. The Hollow Crown: A History of Britain in the Late Middle Ages. New York: Penguin, 2005.

Shipman, Pat Lee. "The Bright Side of the Black Death". American Scientist, 2 de mayo de 2018. https://www.americanscientist.org/article/the-bright-side-of-the-black-death

Simons, E. Norman. "Mary I". Encyclopedia Britannica, 13 de noviembre de 2021. https://www.britannica.com/biography/Mary-I.

Singer, Sholom A. "The Expulsion of the Jews from England in 1290". *The Jewish Quarterly Review* 55, no. 2 (1964): 117-36. https://doi.org/10.2307/1453793

Sorabella, Jean. "Pilgrimage in Medieval England". Metmuseum.org, 1 de abril de 2011. https://www.metmuseum.org/toah/hd/pilg/hd_pilg.htm

Stacey, J. "John Wycliffe". Encyclopedia Britannica, 27 de diciembre de, 2021. https://www.britannica.com/biography/John-Wycliffe.

Stephens, J.E.R. "The Growth of Trial by Jury in England". jstor.org. The Harvard Law Review Association. Consultado el 3 de enero de 2022.
https://www.jstor.org/stable/pdf/1321755.pdf

Trueman, C N. "Food and Drink in Medieval England". History Learning Site. The History Learning Site, 5 de marzo de 2015.
https://www.historylearningsite.co.uk/medieval-england/food-and-drink-in-medieval-england

Ward, Jennifer. *Women in England in the Middle Ages*. London: Hambledon Continuum, 2006.

Webb, Diana. "Pilgrimage Destinations in England". The Becket Story. Consultado 17 de enero de 2022.
https://thebecketstory.org.uk/pilgrimage/destinations-england

Wheelis, Mark. "Biological Warfare at the 1346 Siege of Caffa". Emerging infectious diseases. Centers for Disease Control and Prevention, septiembre 2002.
https://www.ncbi.nlm.nih.gov/pmc/articles/PMC2732530

Zeisel, H. and Kalven, Harry. "Jury". Encyclopedia Britannica, 29 de marzo de 2019.
https://www.britannica.com/topic/jury.

Fuentes de imágenes

[1] https://commons.wikimedia.org/wiki/File:Roman_britain_400.jpg
[2] https://commons.wikimedia.org/wiki/File:British_kingdoms_c_800.svg
[3] https://commons.wikimedia.org/wiki/File:Britain_886.jpg
[4] *Blank map of Europe.svg: maixderivative work: Alphathon, CC BY-SA 4.0* <https://creativecommons.org/licenses/by-sa/4.0>, *via Wikimedia Commons* https://commons.wikimedia.org/wiki/File:Angevin_Empire_1190.svg
[5] *Fürkin, CC0, via Wikimedia Commons* https://commons.wikimedia.org/wiki/File:King_Edward_I.png
[6] https://commons.wikimedia.org/wiki/File:DeathWatTylerFull.jpg
[7] *British Museum, CC BY-SA 2.5* <https://creativecommons.org/licenses/by-sa/2.5>, *via Wikimedia Commons* https://en.wikipedia.org/wiki/Sutton_Hoo#/media/File:Sutton_Hoo_helmet_reconstructed.jpg
[8] https://commons.wikimedia.org/wiki/File:Beowulf.firstpage.jpeg
[9] https://commons.wikimedia.org/wiki/File:Reeve_and_Serfs.jpg
[10] https://commons.wikimedia.org/wiki/File:RCampin.jpg
[11] https://commons.wikimedia.org/wiki/File:KnightsTemplarPlayingChess1283.jpg
[12] https://commons.wikimedia.org/wiki/File:An_introduction_to_the_study_of_Gothic_architecture_(1877)_(14576749870).jpg
[13] https://commons.wikimedia.org/wiki/File:Bayeux_Tapestry_scene51_Battle_of_Hastings_Norman_knights_and_archers.jpg
[14] https://commons.wikimedia.org/wiki/File:Page_from_the_Arthurian_Romances_illuminated_manuscript.jpg
[15] https://commons.wikimedia.org/wiki/File:Jindrich2_Beckett.jpg

[16] https://commons.wikimedia.org/wiki/File:Battle_of_Hastings,_1066.png
[17] https://commons.wikimedia.org/wiki/File:Arthur_Leading_the_Charge_at_Mount_Badon.png
[18] https://commons.wikimedia.org/wiki/File:A_medical_practitioner_examining_a_urine_flask._Oil_painting_Wellcome_V0017268.jpg
[19] https://commons.wikimedia.org/wiki/File:Peste_bubonique_-_enluminure.jpg
[20] https://commons.wikimedia.org/wiki/File:Paul_F%C3%BCrst,_Der_Doctor_Schnabel_von_Rom_(Holl%C3%A4nder_version).png

www.ingramcontent.com/pod-product-compliance
Lightning Source LLC
Chambersburg PA
CBHW070329010526
44107CB00004B/473